A irmã menor:
um retrato de Silvina Ocampo

Mariana Enriquez

A IRMÃ MENOR

UM RETRATO DE SILVINA OCAMPO

Tradução | Mariana Sanchez

coleção **NOS.OTRAS**

Aos meus pais, Juliana e Salvador

EU QUERO QUE ME AMEM

Silvina trepa no cedro do jardim à tarde, quando a família está dormindo. É verão e todas as janelas da casa estão fechadas, para que o calor não entre. Se os adultos soubessem que ela está ali, sentada num galho, comendo torrões de açúcar com limão, a fariam descer e a castigariam. Ou talvez deixassem passar a travessura: Silvina é a caçula de seis irmãs, seus pais estão cansados de criar filhas. Anos mais tarde, ela dirá que se sentia "a *et cetera* da família". Ser a etcétera tem suas vantagens. Sua família é uma das mais ricas e aristocráticas da Argentina, e seu pai, Manuel Ocampo, é um homem rigoroso e conservador. Mas as regras são mais frouxas com ela – que, além do mais, sabe se esconder. Silvina é secreta.

O cedro em que ela trepa está num jardim de mais de dez hectares, coroado por uma mansão fabulosa, em estilo francês, construída pelo seu pai, que é engenheiro. O suntuoso quintal, onde no verão são oferecidos concertos, termina nas barrancas do rio da Prata. A mansão, que se chama Villa Ocampo, fica em San Isidro, um subúrbio a vinte quilômetros da cidade de Buenos Aires que, com os anos, se transformará no bairro predileto dos ricos, no domicílio mais tradicional da classe alta. Silvina, em cima do galho, suja um vestido branco trazido de Paris. Sua família viaja à França uma vez por ano acompanhada de dezenas de empregados, e com frequência carrega no navio uma vaca, ou duas, para que as meninas possam tomar leite fresco. A irmã mais velha de Silvina, Victoria – que será uma mulher célebre –, escreverá em sua *Autobiografia*: "A coisa toda tinha acontecido em casa, ou na casa ao lado, ou na casa em frente: San Martín, Pueyrredón, Belgrano, Rosas, Urquiza, Sarmiento, Mitre, Roca, López. Todos eram parentes ou amigos". É 1910, o ano do Centenário da Argentina, celebrado no dia 25 de maio. Ao menos por uma parte da população, a que é rica e dona de enormes extensões de terra, a que controla um sistema político elitista. O presidente é Roque Sáenz Peña, que chegou ao poder com irregularidades e fraude, vícios comuns do sistema na época. Em dois anos, o presidente promulgará a Lei Sáenz Peña, que estabelece o voto obrigatório, secreto e universal, impulsionada sobretudo pelas grandes mudanças na Argentina, que recebe imigrantes europeus, vive revoltas operárias, especialmente anarquistas, e tentativas revolucionárias do recém-formado Partido Radical. Mas as turbulências do país não abalam os verões da família Ocampo no belíssimo subúrbio de San Isidro. Eles passam a maior parte do ano na cidade, em sua mansão da rua Viamonte, em frente à igreja e ao convento das Catalinas, e viajam a San Isidro de trem. O último trecho, entre a estação e a casa, é feito de carruagem. Também passam tempo em suas propriedades de Pergamino, na província de Buenos Aires, ou na fazenda de Villa Allende, em Córdoba. Mas o verão geralmente é na Villa Ocampo, onde Silvina sobe nas árvores durante a sesta, onde fica a casa ocre com escadarias e telhados de ardósia cinza, um pouco mansão vitoriana, um pouco francesa, um pouco italiana: o ecletismo arquitetônico argentino. Em cima do cedro, Silvina espera seus visitantes preferidos: os mendigos. Toda vez que os vê chegar, corre até a casa para anunciá-los: "Os mendigos chegaram!", grita. Quando ela própria escreve sua autobiografia, *Invenciones del recuerdo*,[1] um longo poema em prosa publicado postumamente, recordará alguns deles: "Aqueles mendigos eram da cor das folhas secas/ não eram de carne,/ eram da cor da terra, não tinham sangue,/ seus cabelos cresciam como mato/ e os olhos estavam em suas caras como a água das fontes/ nos jardins;/ por isso gostava deles./ Alguns eram cegos,/ com olhos cor de opalas ou das pedras da lua,/ outros mancos ou aleijados, dando passos de dança/ outros marcados de varíola/ outros com metade da cara comida/ como estátuas de terracota/ outros ébrios com manchas vermelhas./ Quando iam embora, ia um pouco de sua alegria/ .../ Um dia uma das empregadas a viu,/ num momento de distração,/ com uma mendiga que lhe mostrava um peito e uma coxa com feridas e lhe dizia/ Veja minhas chagas, menininha Jesus".[2]

---

[1] [N. da T.] Os títulos de obras, contos e poemas mantidos em espanhol são inéditos no Brasil. Já aqueles traduzidos sinalizam sua publicação aqui.

[2] Aquellos mendigos eran del color de las hojas secas/ no eran de carne,/ eran del color de la tierra, no tenían sangre,/ el pelo les crecía como mata de pasto/ y los ojos estaban en sus caras como el agua de las fuentes/ en los jardines;/ por eso le gustaban./ Algunos eran ciegos,/ con ojos del color de los ópalos o de las piedras de luna,/ otros rengos o mancos, dando pasos de baile/ otros marcados de viruela/ otros con la mitad de la cara comida/ como estatuas de terracota/ otros ebrios con manchas coloradas./ Cuando se iban, se iba un poco de su alegría/ .../ Un día una de las sirvientas la encontró,/ en un momento de descuido,/ con una mendiga que le mostraba un pecho y un muslo con llagas y que le decía/ Vea mis llagas, niñita Jesús.

Silvina não ama apenas os mendigos. Ela ama os empregados da casa. Ama as babás, as costureiras, as passadeiras, os cozinheiros que moram nas dependências de serviço do último andar. Ama os trabalhadores e os pobres. Nunca, em toda sua vida, esse amor se transformará em algum tipo de consciência política ou de ação social concreta. Em seu ensaio dedicado a Silvina Ocampo, intitulado "La nena terrible", de seu livro *Oligarquía y literatura* (Ediciones del Sol, 1975), Blas Matamoro escreve: "O enfrentamento das crianças terríveis passa pelo ódio à família e termina ali: como filhos da grande burguesia, não fazem uma oposição fundamental contra toda ordem social, mas sua condição de párias da família lhes confere uma oposição parcial a uma das instituições fundamentais dessa ordem, que é a família. As crianças terríveis assumem o Mal, não a Revolução".

Há algo ardiloso, perverso nesse fascínio da menina Silvina à espera dos mendigos em cima do cedro. Em uma das muitas entrevistas que deu em 1987 a Hugo Beccacece, jornalista, escritor e diretor por décadas do suplemento cultural do jornal *La Nación*, Silvina explicou: "Eu adorava servir a eles chá com leite ou café com leite; qualquer coisa que tivesse leite com nata. Eu achava a nata nojenta, mas tinha curiosidade de ver como os outros engoliam aquela nata repugnante. A pobreza me parecia fantástica. Naquela época, viviam muitas crianças pobres perto de San Isidro. Eu as achava tão superiores às que nos visitavam, muito mais divertidas que minhas primas. Minhas primas eram umas bocós, umas inúteis. Não sabiam roubar nada (...), estavam sempre impecáveis, não queriam se sujar, não se mexiam para não se desalinharem. Já os mendigos tinham umas jubas esplêndidas. Porque eu não gosto de gente muito penteada. Aqueles garotos pobres estavam sempre queimados de sol, tinham uma cor de pele tão linda. Sempre fiquei com essa nostalgia da pobreza. Depois cresci e me dei conta de que a riqueza tem suas vantagens. Mas a pobreza te dá liberdade, você não teme perder nada, não está preso a nada". A menina que dá de comer e beber aos mendigos não tem o fervor da caridade religiosa nem demonstra compaixão: antes, está fascinada por aqueles desesperados com uma inocência vertiginosa, feroz. Acha-os tão diferentes dela; considera-os, intuitivamente na época, e com certeza quando os descreve anos depois, seu oposto. O que ela gosta muito. "Em San Isidro, fiz retratos de todo mundo que vivia na baixada, dos pobres, dos guarda- -barreiras, dos pedintes", contou na mesma entrevista para Beccacece. "Eu tinha virado amiga de todos eles, os cumprimentava, dava beijo. Minha família achava péssimo que eu tivesse aquelas amizades. Tinham medo de que me roubassem alguma coisa, de que me passassem alguma doença, de que me fizessem sabe-se lá o quê. Uma vez alguém da família me disse: 'Você não pode manter relações com essa gente. Desse jeito, nunca vai conseguir que te respeitem'. E eu respondi: 'Não quero que me respeitem. Eu quero que me amem.'"

Irmã de Victoria Ocampo, esposa de Adolfo Bioy Casares, amiga íntima de Jorge Luis Borges, uma das mulheres mais ricas e extravagantes da Argentina, uma das escritoras mais talentosas e estranhas da literatura em língua espanhola: todos esses títulos não a explicam, não a definem, não servem para entender seu mistério. Nunca trabalhou por dinheiro – não precisava –, não participou de nenhum tipo de atividade política (nem de política cultural), publicou seu último livro quatro anos antes de morrer (escreveu mesmo quando já tinha os primeiros sintomas de Alzheimer, com quase noventa anos) e sua vida social, sempre limitada, foi se tornando nula com os anos, algo quase inaudito para uma mulher de sua classe. O dinheiro lhe deu liberdade, mas ela nunca pareceu muito consciente de seus privilégios, que, pode-se dizer, pouco aproveitou.

Silvina Inocencia María Ocampo nasceu em 28 de julho de 1903 na casa da família da rua Viamonte 550, na cidade de Buenos Aires. Foi a caçula de seis irmãs, depois de Victoria, Angélica, Francisca, Rosa e Clara. Não foi à escola, porque os Ocampo educavam suas filhas em casa, com preceptoras. As aulas de ciências naturais, matemática, catecismo, desenho e história eram ministradas em francês; as meninas também aprendiam inglês, italiano e espanhol, mas este idioma vinha quase por último na lista de prioridades. Quando criança, Silvina escrevia em inglês, porque a gramática do espanhol lhe parecia "impossível". Escrevia longas cartas, a amigas reais e imaginárias, e redações baseadas na história da Inglaterra, principalmente sobre os príncipes Eduardo V e seu irmão Ricardo, os garotos encerrados na Torre de Londres em 1483. Amava sua casa natal, da rua Viamonte, em pleno centro da cidade. Escreveu sobre ela e a descreveu em poemas e contos: sua claraboia azul, sua enorme escadaria de mármore, o último andar, das dependências dos empregados, onde ela passava a maior parte do tempo. "Eu era muito amiga de todas as pessoas daquele último andar, e naturalmente me deixavam fazer trabalhos de que eu gostava, como passar roupa, costurar, usar a tesoura, usar a faca na cozinha", contou a Noemí Ulla, escritora, crítica e amiga, no livro *Encuentros con Silvina Ocampo* (De Belgrano, 1982; Leviatán, 2003). "Me chamavam de primeira oficial. Quando uma costureira ia costurar, eu brincava com o manequim. Tinha gosto pela costura. Pensava: 'quando crescer, vou ser costureira'. Minhas irmãs não subiam àquele último andar. Eu era a mimada, de certo modo. E às vezes aprontava alguma travessura com a passadeira – que era surda – com certa crueldade. Quando ela saía do quartinho de passar, eu me enfiava debaixo da mesa e, assim que ela voltava, agarrava suas pernas e não as soltava. Como era surda, isso lhe dava mais medo do que a qualquer outra pessoa."

Grande parte da literatura de Silvina Ocampo parece contida ali: na infância, nas dependências de serviço. Dali parecem surgir seus contos protagonizados por crianças cruéis, crianças assassinas, crianças assassinadas, crianças suicidas, crianças abusadas, crianças pirômanas, crianças perversas, crianças que não querem crescer, crianças que nascem velhas, crianças bruxas, crianças videntes; seus contos protagonizados por cabeleireiras, costureiras, preceptoras, clarividentes, corcundas, cachorros embalsamados, passadeiras. Seu primeiro livro de contos, *Viaje olvidado* (1937), é sua infância deformada e recriada pela memória. *Invenciones del recuerdo*, seu livro póstumo, de 2006, é uma autobiografia infantil. Não há período que a fascine mais, não há época que lhe interesse tanto.

Mas, na infância, Silvina quase não escreve, exceto aquelas cartas e as redações para as preceptoras (e um primeiro poema, um diálogo entre uma modista e seu manequim, que se extraviou). Na infância, Silvina desenha.

Quando os Ocampo viajavam a Paris, hospedavam-se no Hotel Majestic, n° 19 da Avenue Kléber. Durante o verão europeu, passavam também alguns dias em Biarritz, no Hôtel du Palais. Mas foi em 1908, durante uma viagem familiar que durou dois anos, que sua família acreditou, por engano, que Silvina tinha grande talento: suas irmãs mais velhas, que estudavam desenho, abandonavam os rascunhos no chão. Silvina, que ficava rondando, recolhia os papéis descartados. Foi assim que ela copiou uma bailarina e todo mundo achou que era um desenho original. Depois, copiou um cavalo ("Havia traçado uma protuberância que parecia duas frutas/ entre as patas traseiras do animal/ Foi talvez uma de suas irmãs/ quem lhe disse "não, isso não"/ e a obrigou a apagar aquela parte/ que começou a lhe parecer constrangedora",[3] escreve em *Invenciones del recuerdo*). De volta a Buenos Aires, a família contratou uma professora de desenho para ela:

---

[3] Había trazado un promontorio que parecía dos frutas/ entre las patas traseras del animal/ Fue tal vez una de sus hermanas/ la que le dijo "no, esto no"/ y le obligó a borrar la parte/ que empezó a parecerle vergonzosa.

a primeira coisa que lhe ensinou a desenhar foi uma garrafa e uma laranja.

Ao mesmo tempo que aprendia a desenhar, Silvina teve um breve período de religiosidade intensa, e rezava todas as noites orações especiais, secretas, porque as que lhe ensinavam ela achava sem graça. Também vivia noites de pânico quando sua mãe, Ramona Aguirre, saía para jantar ou ia ao teatro. Silvina achava que ela nunca mais voltaria, que a abandonaria. Amava sua mãe mas também suas babás, passava muito mais tempo com elas. E falava bem pouco. Os adultos lhe perguntavam se tinham comido sua língua, e a simples ideia de que alguém pudesse mutilá-la assim a horrorizava. Quando ia brincar nos bosques de Palermo, coletava cacos de vidro e observava os pássaros; seu pai lhe comprava balões. Ela brincava muito pouco com outras crianças: não tinha amigas da sua idade. Suas irmãs mais velhas não prestavam atenção nela. A única que eventualmente queria ser sua companheira de brincadeiras era Clara, a mais próxima, cinco anos mais velha.

Uma tarde, Clara e Silvina assistiam juntas a um desfile militar de uma das sacadas da casa da rua Viamonte, em Buenos Aires. Era inverno, provavelmente 9 de julho, Dia da Independência argentina. Clara tinha onze anos; Silvina, seis. Entusiasmada com os soldados, Silvina se virou para comentar algo com sua irmã e, quando olhou a cara dela, estava roxa com traços azulados. Dias depois, Clara morreu de diabetes infantil. Em *Encuentros con Silvina Ocampo*, de Noemí Ulla, Silvina lembra: "Ninguém me contou que ela estava morrendo. Havia um tumulto na casa... e era de noite, eu fingia dormir, mas espiava para ver o que estava acontecendo. Havia um movimento na casa completamente inaudito àquela hora. Depois, minha mãe estava rodeada de senhoras, me chamaram até a sala para cumprimentar as visitas e minha mãe estava toda de preto. Então eu me aproximei para dar um beijo na minha mãe e ela disse: 'Sabia que Clarita foi pro céu?'. Eu soube que essa frase era uma coisa sombria, horrível como um precipício, embora ela tenha dito aquilo tentando fazer – suponho – uma voz calma, até sorridente. Ali eu soube que ela havia morrido, apesar de minha mãe ter me contado assim. Depois me puseram uma fita preta em sinal de luto. Então, chorei. Mas chorei porque achei que devia chorar, porque tinha visto pessoas em volta chorando. Me senti tão só! Fui até o último andar, onde a roupa era passada, e vi que todas as pessoas que estavam ocupadas com as tarefas de lavar, passar e limpar não choravam, então eu me aconcheguei ali e não queria descer, não queria ver aquela gente vestida toda de preto e chorando sem parar. No entanto me mandaram descer, me mandaram chamar. Acho que ali começou meu ódio pela socialização".

Em seu conto "La siesta del cedro", de *Viaje olvidado* (1937), a melhor amiga de uma menina morre de tuberculose. Silvina sempre negou que fosse inspirado em Clara. Dizia que era autobiográfico mas que não se tratava de sua irmã, e sim de outra amiga real que também morreu. Nunca deu detalhes dessa amiga. A morte de Clara, no entanto, não é o episódio mais revisitado de sua infância, ainda que o recrie em *Invenciones del recuerdo*, no qual Clara se chama Gabriel, como o arcanjo.

O episódio infantil mais recriado é o que ela narra em outro relato autobiográfico, "O pecado mortal", incluído no livro *As convidadas* (1961). Ali, uma menina da alta burguesia é deixada aos cuidados de um mordomo de confiança, Chango, toda vez que há "uma morte ou uma festa". Chango é uma figura intimidante e ao mesmo tempo sedutora: a menina o segue, o espia, especialmente quando ele vai ao banheiro, onde "demora-se". Um dia, quando estão sozinhos, enquanto a menina está aos cuidados de Chango, ele entra no banheiro e a obriga a espiar pela fechadura. Chango se exibe, ou se masturba. A menina não reage com desgosto, também não conta nada a seus pais. Faltam dias para sua primeira comunhão e ela não confessa a experiência. Por isso, acredita, comunga em pecado mortal. E em pecado mortal permanece.

Silvina disse várias vezes em entrevistas a seus amigos que o episódio era autobiográfico. Em *Invenciones del recuerdo*, há uma reconstrução dessa descoberta do sexo masculino antes da comunhão, mas também há variações, repetições e insistências muito mais explícitas e inquietantes. Escreve: "A cinturinha do vestido/ que um ser angelical escolheu/ como para um anjo/ a saia agora levantada pelo vento do inferno/ Um cilindro de carne exposto/ em termos de geometria/ 'Fique, não vá'/ .../ A porta está aberta para que nada pareça um segredo/ no último andar da casa/ o elevador desce mas ninguém sobe/ não sobem para resgatá-la/ Meu Deus, eu o buscava/ Deus subiria naquele elevador?/ .../ Algo que não era um cachorro recém-nascido/ assomava por entre as dobras de sua camisa/ dentro da calça entreaberta/ não podia ser um cachorro/ era um objeto que fazia parte/ do corpo do homem.../ Uma vez ele a encontrou deitada/ no chão de linóleo/ entre bonecas e cadernos/ ouvindo o sussurro lascivo de uma voz que lhe perguntava/ Gostaria de ser uma dama?/ Chango nunca se atrevera a tanto/ Acariciou sua perna suavemente/ Era como o toque de uma mosca".[4]

Várias vezes ela se referiu, ainda que de modo fugidio, à sua "precocidade" sexual. Nunca se referiu a este episódio – ou a estes episódios, se é que se repetiram – como abusos. Na verdade, conforme escreve em *Invenciones del recuerdo*, considerava-os experiências iniciáticas na contemplação e no ambíguo prazer do proibido: "Ajoelhava-se tremendo/ entre os lençóis frios/ pedindo perdão a Deus/ mas imagens lúbricas/ incendiavam-na ao voltar para a cama/ e então sentia novamente/ a alma transida de dor/ o prazer do orgasmo".[5]

---

[4] La cinturita del vestido/ que un ser angelical eligió/ como para un ángel/ la falda ahora levantada por el viento del infierno/ Un cilindro de carne exhibido/ para los términos de la geometría/ "Quédate no te vayas"/ .../ La puerta está abierta para que nada parezca un secreto/ en el último piso de la casa/ el ascensor baja pero nadie sube/ no suben a rescatarla/ Dios mío, lo buscaba/ ¿Dios subiría en ese ascensor?/ .../ Algo que no era un perro recién nacido/ asomaba por entre los pliegues de su camisa/ adentro del pantalón entreabierto/ no podía ser un perro/ era un objeto que formaba parte/ del cuerpo del hombre.../ Una vez la encontró echada/ sobre el linóleum del piso/ entre muñecas y cuadernos/ oyendo el susurro lascivo de una voz que le preguntaba/ ¿Te gustaría ser una señorita?/ Nunca Chango se había atrevido a tanto/ Acarició su pierna levemente/ Era como el roce de una mosca.

[5] Temblando se arrodillaba/ entre las sábanas frías/ pidiendo perdón a Dios/ pero lúbricas imágenes/ la abrasaban en cuanto volvía a meterse en la cama/ y entonces volvía a sentir/ transida el alma de dolor/ el placer del orgasmo.

NÃO DÁ PARA VER AS FORMAS NA CONFUSÃO DE TANTAS CORES

Silvina Ocampo foi pintora antes de ser escritora. Muitos amigos guardam seus desenhos como se fossem tesouros, expostos em lugares de destaque em seus magníficos apartamentos. Francis Korn – amiga desde os anos setenta, antropóloga e escritora, primeira mulher argentina com um doutorado em Oxford – tem, em seu escritório, um estranhíssimo desenho de Silvina intitulado "As gêmeas lentas". São duas mulheres saindo do mar, idênticas, estranhas. Na sala de estar, seu retrato: Francis jovem, de traços incisivos e grandes olhos azuis, o cabelo loiro com ondas bem-marcadas. "Se gostasse de você, te retratava", diz.

Jorge Torres Zavaleta, escritor, contista e romancista, filho de uma família tradicional argentina e um dos amigos jovens dos últimos anos de Silvina – foi seu vizinho – conserva três desenhos. Dois são retratos; no primeiro, ele aparece como um pensador juvenil. Silvina assinou: "Para Jorge Ramón, porque sentimos saudade um do outro quando não nos vemos". O outro retrato traz uma assinatura mais estranha: "Para Jorge Ramón, um desenho de que não gosto". E o terceiro, feito em papel de lixa, é de uma garota bonita, de perfil.

A Noemí Ulla, Silvina fez um retrato para a capa de seu livro de contos *El ramito*, publicado em 1990.

Todos se lembram dela desenhando, o tempo inteiro e em qualquer superfície, e seus desenhos estão espalhados por toda a cidade e por todo o país. María Esther

Vázquez, escritora, biógrafa de Jorge Luis Borges – além de sua namorada por alguns meses nos anos sessenta – e de Victoria Ocampo, colunista durante décadas do jornal *La Nación*, conta como era posar para Silvina, num perfil publicado em 2003: "Tinha seu encanto e um certo desconforto. Ela olhava fixamente para o seu modelo, como, imagino, o entomólogo observa o inseto que irá desmembrar segundos depois. Era um olhar frio e firme que durava um bom tempo. Então, erguendo os óculos na testa, aproximava a cabeça do papel e traçava umas linhas. Esse jogo alternado de examinar sua presa, erguer e baixar os óculos podia durar bastante tempo. Depois, subitamente, fechava a pasta e não deixava ver seu trabalho. Passados dois ou três dias, o modelo voltava a posar e ela seguia com o trabalho".

Aos vinte e seis anos, depois da morte de seu pai, Silvina Ocampo foi estudar pintura, desenho e artes gráficas em Paris. Em suas duas casas de Buenos Aires – o fabuloso edifício onde morou na esquina da av. Santa Fe com a Ecuador e o não menos extraordinário da rua Posadas –, sempre teve um ateliê. Mas, de sua obra artística, não há um arquivo organizado.

Ernesto Montequin, testamenteiro de Silvina – nomeado pela família após sua morte por ser um dos maiores especialistas na autora, embora ainda não tenha cinquenta anos –, conta: "Ela parou de pintar em 1940, mais ou menos. O que se conserva são desenhos e umas poucas pinturas a óleo, desenhos de juventude, muitos retratos, desenhos automáticos, formas fantásticas, animais ou pessoas que conhecia. Ela usava caneta, pincel atômico, o que tivesse à mão. São retratos à mão livre. A obra dispersa desse tipo é importante. E faz tempo que queremos reuni-la para fazer uma exposição".

Daquela Silvina em Paris, aos vinte e seis anos, os rastros são quase uma névoa. Morou na casa de uma parente, depois alugou seu próprio estúdio na Rive Gauche e se juntou ao "grupo de Paris", os jovens pintores argentinos na capital francesa: Horacio Butler, Norah Borges (irmã de Jorge Luis), Luis Saslavsky, Xul Solar, Petit de Murat e tantos outros. Ficou muito amiga de Norah e, vários anos depois, fizeram um livro a quatro mãos, *Breve santoral* (1985), com poemas de Silvina e desenhos de Norah: desenhos belos e piedosos; poemas estranhíssimos, com santos travestidos e invocações obsessivas ao anjo da guarda. Mas, acima de tudo, Silvina foi a Paris para encontrar um mestre. Queria estudar com André Derain, um dos fundadores do fauvismo, mas, quando viu seus quadros, não gostou. Então, foi procurar Picasso. Porém, ele mal entreabriu a porta e pediu que ela fosse embora. Silvina insistiu. "Fui vê-lo mil vezes, mas não quis me aceitar como aluna: acho que ele não gostava de dar aula", contou a Noemí Ulla. Então, não muito convencida, topou com Giorgio de Chirico, fundador da *Scuola metafisica*, o artista plástico que mais decisivamente influenciou os surrealistas. "Fui à inauguração de uma de suas exposições e não gostei nada daqueles quadros, mas ele os mostrava para mim encantado", contou em uma entrevista dos anos setenta para Marcelo Pichon Rivière. "Não sei por quê, me deu um ataque de riso, eu não conseguia evitar. Ele, no entanto, permanecia muito sério. Estudei seis meses com ele. Mal falava, exceto para perguntar se eu queria fazer análise. A primeira vez que ele disse isso eu quase morri de susto. Não era um bom professor, apesar do seu grande talento, porque queria que eu pintasse como ele. Quando faltava pouco tempo para eu ir embora de Paris, começou a falar mais comigo. Alguns dos quadros que pintei eram parecidos com os dele. Uns quatro. Antes de eu ir embora, me perguntou: 'Quer que eu assine?'. Falei que não." Não foi o último professor: pouco antes de voltar à Argentina, Silvina decidiu fazer aulas com Fernand Léger, mestre do cubismo, grande amigo de Le Corbusier. A escola de Léger era um gigantesco galpão transformado em ateliê. As modelos, nuas, posavam entediadas, Silvina achava que pareciam tristes, tão solitárias em suas plataformas. De Léger lhe interessava principalmente o desenho: "Os desenhos sob suas pinturas, perdidos entre as infinitas cores e pinceladas que nenhum outro artista conseguia imitar."

Do tempo que passou em Paris, pintando lânguidas moças nuas, ela nunca falou muito. É possível reconstruir algo daqueles dias com depoimentos alheios. O pintor argentino Antonio Berni lembra que se encontravam no café La Rotonde, não só com outros artistas plásticos – Butler, Spilimbergo, Raquel Forner –, mas também com escritores e poetas, como Marechal, Jacobo Fijman, Oliverio Girondo.

De todos os artistas da época, o que mais se lembrava de Silvina era Horacio Butler, que morreu em 1983. Pintor, acadêmico, agitador cultural – organizou o Primeiro Salão de Pintura Moderna de Buenos Aires, em 1928 –, foi também cenógrafo e escritor. E pode ter sido namorado de Silvina em Paris, embora ela, nas poucas vezes em que se referia a Butler, negasse os rumores com um cortante "apenas amigos". Em *Butler: conversaciones con María Esther Vázquez* – uma longa entrevista em forma de livro publicada em 2001 pelo Ministério da Cultura da Argentina –, o artista recordava Silvina: "O que atraía nela era aquele charme misterioso, quase reticente, das mulheres voltadas para si mesmas, ensimesmadas na descoberta de sua própria natureza. Além disso, sendo tão inteligente e sem preconceitos, detinha-se nas coisas como se as visse pela primeira vez. Era uma mulher estranha e sensual, muito atraente e distante. Havia semanas em que nos encontrávamos todos os dias; outras, em que sumia e ninguém sabia nada dela. Costumava inventar argumentos muito estranhos, meio absurdos... Fantasiava o tempo todo... Ela adorava tirar sarro da gente... Escrevia longas cartas; eu me lembro de uma em especial, na qual falava das diferentes cores do Sena, dependendo de onde você o olhasse. Guardei essa carta durante muito tempo, pois tinha me impressionado sua percepção dos distintos matizes e reflexos na água...".

Aonde iria Silvina naqueles dias quando sumia, quando ninguém sabia dela? Ao encontro de algum amante ou vadiar, passear, percorrer a cidade? É um mistério. Entretanto, estava claramente muito interessada na pintura e em suas novas tendências. Com Horacio Butler, em 1931 e de Paris, assinou uma carta aberta ao lado de outros vinte e sete artistas e intelectuais argentinos que saiu em todos os jornais de Buenos Aires. A carta aberta foi chamada de "Manifesto" e era dirigida a Atilio Chiapponi, então diretor do Museu Nacional de Belas Artes, que um ano antes escrevera um artigo no qual criticava dura e abertamente as tendências da arte moderna. O manifesto assinado por Silvina Ocampo dizia: "É necessário que o Senhor saiba, como diretor do nosso Museu Nacional, que já não há galerias nos países cujo espírito se impôs ao mundo contemporâneo que não tenham salas inteiras dedicadas à pintura que sua ignorância pretende condenar. O senhor é responsável, no momento, pelo nosso patrimônio artístico, e está em suas mãos enriquecê-lo de modo inteligente ou persistir em seu lamentável estado atual de mediocridade".

No final de 1932 ou início de 1933, Silvina estava mais uma vez em Buenos Aires. Não parecia de todo decidida a seguir carreira como pintora; provavelmente, não acreditava em seu talento. Por volta de 1934, junto com sua amicíssima prima Julia Bullrich de Saint e com Horacio Butler – que também havia retornado à Argentina –, fundou a companhia de marionetes La Sirena, com cenários e bonecos produzidos por eles mesmos. Julia e Silvina escolheram os textos a serem representados e a trilha: "Barba azul", "A bela e a fera" e "João e o pé de feijão", com música de Satie e Ravel. Mas o espetáculo foi suspenso por falta de público após algumas sessões nas sedes da *Amigos del Arte* e da associação musical *El Diapasón*. Pouco depois, o célebre pintor Emilio Pettoruti propôs a ela fazer uma exposição em Paris com seus desenhos de nus de grandes dimensões. Mas Ramona Aguirre, sua mãe, ficou escandalizada. Silvina decidiu não desafiá-la e disse não a Pettoruti. Em 1940, apareceu no número 71 da revista *Sur* uma das pouquíssimas referências a Silvina Ocampo como artista plástica. Trata-se de uma resenha de Julio E. Payró sobre uma mostra na *Amigos del Arte* em que participam Xul Solar, Norah Borges e Silvina. Diz: "As obras de Ocampo se destacam pelo domínio da forma, pela força das pinturas a óleo, pelo vigor do carvão, pela simplicidade das aquarelas, pela sugestão dos nus". O texto também reclama do "infiel compromisso" de Silvina com a pintura "em detrimento da escrita". É que, em 1937, com mais de trinta anos, Silvina havia publicado seu primeiro livro de contos, *Viaje olvidado*: a pintura já passava para um segundo plano. Silvina explica: "Me irritei com De Chirico e lhe disse que ele sacrificava qualquer coisa pela cor. Ele me respondia: 'E o que há além da cor?' Tem razão. Mas as cores me incomodam. Não dá para ver as formas na confusão de tantas cores. Então, comecei a me desiludir. Me afastei de uma paixão que também era para mim uma tortura. O que me restava? Escrever? Escrever?"

De Chirico, apesar dos embates, acabou sendo seu grande mestre. O homem que, com sua ideia de pintura – para ela angustiante –, motivou-a em uma forma menos confusa, segundo a própria Silvina. Em 1949, ela lhe dedicou um de seus poemas mais conhecidos, "Epístola a Giorgio de Chirico", em seu livro *Poemas de amor desesperado*. É um poema autobiográfico: "Giorgio de Chirico, eu fui sua aluna/ Recordo o perfil grego e a maçã/ e o

céu de Paris na janela de manhã/ onde sonhou o espaço e a coluna/ enquanto eu pintava impetuosamente/ no silêncio, atenta, sua mirada/ me assustava em sua face aprisionada;/ Giorgio de Chirico, o senhor era paciente".[6]
E em outros versos é possível encontrar chaves para pensar a literatura de Silvina: "Não invocarei as folhas nem as ramas,/ para pintar cenários derradeiros;/ não invocarei os homens verdadeiros:/ quero do edifício a parede em chamas,/ o homem como uma tora no chão,/ as aranhas de sombra estremecida,/ a máscara, a espuma definida/ o atormentado céu em formação".[7]

Ali está a disposição no espaço de objetos estranhos, quase sinistros, uma das influências da pintura na obra literária de Silvina. E também seu distanciamento do realismo, sua preferência pelas máscaras mais do que pelos homens verdadeiros.

ONDE AS NUVENS SÃO AS MONTANHAS

Adolfo Bioy Casares descendia de latifundiários tanto do lado materno como do paterno: um dos avôs era

---

[6] A tradução procurou manter o sistema de rimas do original: Giorgio de Chirico, yo fui su alumna/ Recuerdo el perfil griego y la manzana/ y el cielo de París en la ventana/ donde soñó el espacio y la columna/ mientras pintaba yo impetuosamente/ en el silencio, atenta su mirada,/ me asustaba en su cara aprisionada;/ Giorgio de Chirico, era usted paciente.

[7] No invocaré las hojas ni las ramas,/ para pintar paisajes duraderos;/ no invocaré los hombres verdaderos:/ quiero del edificio el muro en llamas,/ el hombre como un leño sobre el suelo,/ las arañas de sombra estremecida,/ la máscara, la espuma definida,/ la atormentada formación del cielo.

Juan Bautista Bioy, dono de fazendas na localidade de Las Flores, província de Buenos Aires; o outro, Vicente L. Casares, além de fazendeiro, dono da La Martona, a empresa láctea mais importante da Argentina por décadas. Filho único de Adolfo Bioy Domecq e Marta Ignacia Casares Lynch, estudou direito, letras, filosofia e jogou tênis com a esperança de se tornar profissional, mas nada o convenceu. Bonito e esperto, de uma amabilidade requintada, nas fotos parece mais alto e menos loiro do que era. Sua família pretendia que fosse fazendeiro: ele tentou. Mas do que ele mais gostava na vida era de literatura. E de mulheres.

Ao contrário das fazendas – que lhe davam muito trabalho –, com as mulheres Adolfo Bioy Casares sempre se deu extraordinariamente bem: salvo por algumas desilusões juvenis, conseguia as que queria, e ele queria muitas. Também se cansava rápido: sua paixão estava na conquista, na sedução.

Mas o que mais lhe custou, e onde finalmente teve sucesso, foi a literatura. Em 1929, recolheu-se na propriedade da família para ser escritor, decisão que a família tolerou de má vontade, mas não o censurou. Nos oito anos seguintes, publicou seis livros, os quais renegou com o passar do tempo e nunca aceitou reeditar: *Prólogos* (narrativas, 1929), *17 disparos contra lo porvenir* (contos, 1933), *Caos* (contos, 1934), *La nueva tormenta o La vida múltiple de Juan Ruteno* (romance, com ilustrações de Silvina Ocampo), *La estatua casera* (contos e miscelâneas, com uma ilustração de Silvina) e *Luis Greve, muerto* (contos, 1937). Nenhum está mais disponível, exceto em bibliotecas ou no meio acadêmico: Bioy os considerava vergonhosos. E de repente, em 1940, quando poucos tinham esperança de que o jovem fazendeiro belíssimo e sedutor pudesse se destacar como escritor, publicou *A invenção de Morel* (Losada), romance de ficção científica que seu amigo Jorge Luis Borges chamou de perfeito, que é, certamente, perfeito, além de ser um clássico da literatura em espanhol.

Naquele ano de 1940, o ano de seu triunfo literário, Adolfo Bioy Casares se casou com Silvina Ocampo. Fazia tempo que eram namorados: desde 1934 moravam juntos na fazenda Rincón Viejo, propriedade dos Bioy no vilarejo de Pardo, Las Flores, província de Buenos Aires, e ela já havia publicado seu primeiro livro de contos em 1937. Essa longa convivência, nos anos trinta, não foi registrada como um escândalo.

Poderia uma jovem de família tão aristocrática como a família Ocampo se safar assim, tão facilmente? Por que não a obrigaram a se casar com mais firmeza? Alguns amigos próximos do casal acreditam que com o pai, Manuel Ocampo, já morto, e sendo a mãe, Ramona – que morreu em 1935 –, muito idosa, Silvina não obedecia a ninguém: não se importava com o que os outros pudessem falar dela. Suas irmãs eram bastante liberais. O resto da família e os amigos – enfim, sua classe social – não tinham a menor importância para ela. Era onze anos mais velha que Bioy: a diferença de idade também não parecia lhe importar, não naqueles primeiros anos felizes.

Existe uma lenda, no entanto, que fala de outro escândalo silenciado, um escândalo tão grande que faz os anos de convivência extraconjugal parecerem um grão de areia, um detalhe insignificante. A lenda ou boato ou fato admitido e silenciado – em todo caso, incomprovável: todas as testemunhas morreram – é o caso de Silvina com Marta Casares, mãe de Bioy.

As famílias Ocampo e Bioy Casares se conheciam: compartilhavam interesses, encontravam-se em eventos, pertenciam a uma elite pequena e endogâmica. Sabe-se que Marta Casares e Silvina Ocampo foram amigas. E que Marta queria que seu filho conhecesse Silvina. Apresentou-a como "a mais inteligente das Ocampo". Há uma foto das duas juntas, em Mar del Plata, com o adorado cachorro de Silvina, seu mascote preferido, Lurón. Silvina está usando um vestido preto comprido e o cabelo solto, também comprido, despenteado, ao vento; calça chinelos simples. Marta, muito mais elegante e imponente, está com um casaco que cobre seus ombros e de óculos escuros. Silvina tem os olhos semicerrados, sem óculos. Parece muito miúda. Se foram amantes, provavelmente já não eram nessa foto tirada em 1942. Silvina e Bioy estavam casados há dois anos.

Qual é a origem desse rumor? Em *Historia secreta de los homosexuales en Buenos Aires*, ensaio pioneiro do filósofo e sociólogo argentino Juan José Sebreli, é citado o caso de "uma família de classe alta" que obrigou seu filho moço a se casar com uma mulher para salvar sua própria mãe do escândalo social do lesbianismo. Consultado sobre o assunto, Sebreli confirma o boato: "Marta Casares, mãe de Bioy, estava apaixonada por Silvina e, para tê-la por perto com uma desculpa verossímil (mais do que para esconder o escândalo), fez Adolfito se casar com Silvina. Uma espécie de álibi. Assim dizia a versão que levantei e que pertence à tradição oral, contada entre outros por Arturito Álvarez". Arturito Álvarez foi um célebre dândi argentino, muso de Manuel Mujica Láinez, colecionador de arte e editor, habitué de todos os salões e festas da alta sociedade portenha. Em 1997, quando o ensaio *Historia secreta...* – publicado originalmente pela editora Perfil – foi reeditado no livro *Escritos sobre escritos, ciudades sobre ciudades*, da editora Sudamericana, a referência a Silvina Ocampo e sua suposta relação com Marta Casares foi excluída. Sebreli assegura que não foi decisão dele.

Sabe-se que Marta Casares sofreu quando Silvina se casou com seu filho. Inclusive chorou, segundo o próprio Bioy, mas depois tudo se restabeleceu; e quando ela ficou gravemente doente, em 1951, Bioy e Silvina se mudaram para sua casa para lhe fazer companhia até sua morte, em 1952. Outra fonte do boato foi a própria Silvina, que era terrível, insolitamente evasiva quando questionada sobre como conhecera o marido, uma pergunta tão banal, tão comum. Não era clara nem mesmo com os amigos: para Noemí Ulla, disse vagamente: "Nos conhecíamos desde sempre, porque eu era muito amiga da mãe dele e ia visitá-la na sua casa. Minha família e a dele se conheciam muito bem". Com a jornalista argentina María Moreno, foi muito mais enigmática: "Aconteceu no escuro, na escuridão da sombra, quando o sol ofusca". Sabe-se que quando ela o viu pela primeira vez, Bioy tinha uma raquete de tênis na mão e Silvina ficou impressionada com sua beleza. Adolfo Bioy Casares era bonito e viril, os músculos flexíveis de esportista, olhos azuis, sobrancelhas espessas. Porém, aquele primeiro encontro não significou muito para Bioy. Ele registrava outro como o primeiro e decisivo, e contava-o com grande naturalidade, especialmente depois da morte de Silvina. No documentário televisivo *Las dependencias* (1999), de Lucrecia Martel, ele diz: "Minha mãe e meu pai eram amigos das Ocampo e eu conhecia todas elas, menos Silvina. Minha mãe me disse: você tem que conhecê-la, porque é a mais inteligente das Ocampo. Silvina morava neste apartamento – da rua Posadas – com a mãe dela. Assim que vi Silvina, me apaixonei. Foi amor à primeira vista. Ela tinha um estúdio no andar de cima e me convidou a subir para conversarmos mais sossegados. Eu me sentia tão atraído por ela que, sem ter trocado muitas palavras, ali mesmo no elevador, eu a abracei e beijei. Ela me aceitou desde aquele momento. O que foi um grande desgosto para os meus pais, que queriam que eu me casasse com uma moça da minha idade ou um pouco mais nova – Silvina era mais velha que eu. Choraram e tudo, mas depois o desgosto passou e eles ficaram amigos de Silvina".

Tão amigos, que foi o próprio pai de Adolfo, o doutor Bioy, quem os incentivou ao casamento legal. Uma tarde na fazenda, teria dito a eles: "Por que não deixam de enrolação e se casam, *che?*". Depois da sugestão, foi tudo muito repentino. Adolfo Bioy Casares conta-o assim em suas *Memorias* (Tusquets, 1994):

"Um dia, em Rincón Viejo, anunciei ao meu querido amigo Oscar Pardo:

— Prepare-se. Nós vamos casar.

Oscar correu até seu quarto e voltou com uma espingarda de mão. Ele entendeu que íamos caçar. O casamento foi em Las Flores, e as testemunhas, além do já citado Oscar, foram Drago Mitre e Borges. Naquele dia tiramos foto no estúdio fotográfico Vetere, daquela cidade."

O casamento foi em 15 de janeiro de 1940. Oscar Pardo era administrador da fazenda; Drago Mitre, o melhor amigo de infância de Bioy; e Borges era Borges. Na foto do estúdio Vetere, Borges está irreconhecível, de pé, o cabelo muito escuro e o olhar ainda claro. Sentado, Adolfo Bioy está muito sério e garboso, de terno e gravata. Tem as mãos cruzadas e apoiadas numa perna: não toca na noiva, semissorridente ao seu lado, com o cabelo comprido – repartido na lateral –, os lábios muito pintados, um vestido branco que deixa à mostra suas pernas finas, sandálias brancas e um lencinho na mão. De solenidade, nada. Nem de emoção. Na ata do registro civil, Oscar Pardo não consta como testemunha, somente Borges e Drago. Eles também se casaram na igreja, mais tarde, mas não há informações sobre a cerimônia, apenas se sabe que os padrinhos foram o doutor Bioy e Angélica Ocampo, a irmã mais velha de Silvina. Na magnífica igreja de Las Flores, da paróquia de Nossa Senhora do Carmo, fundada em 1875, desproporcionalmente grande e suntuosa para uma cidade tão pequena, não há placas ou fotos nem nada que lembre o matrimônio. Silvina mandou dois telegramas para anunciar o casamento: a Pepe Bianco, seu amigo, escritor e editor da *Sur*, escreveu um brincalhão: "Beaucoup de mairie, beaucoup d'église. Don't tell anybody. What verano". A suas irmãs Victoria,

Francisca e Rosa, mandou uma mensagem coletiva, dizendo: "Me casei com Adolfito. Beijos. Silvina".

O vilarejo de Pardo fica a trinta e cinco quilômetros da cidade de Las Flores, na província de Buenos Aires. Para formular corretamente, Pardo é uma localidade dentro da comarca de Las Flores, a uns duzentos quilômetros da capital argentina. Já é campo, superficialmente modesto e profundamente rico. O pampa: a terra fértil onde se estendem a soja e o gado, a riqueza oriunda de um país agropecuário. Pardo tem cerca de 200 habitantes, ruas de terra com nomes como Las Palmeras, uma tranquilidade acachapante e uma estação de trem que funciona somente para vagões de carga. Pardo é o povoado dos Bioy, e fala-se deles com respeito e interesse, com a nostalgia de um paraíso perdido. A estação de trem é, também, o pequeno Museu Adolfo Bioy Casares. Não guarda verdadeiros tesouros do escritor: é quase uma homenagem simbólica. Apenas algumas fotografias, edições de seus livros e documentos oficiais, como a certidão de casamento. Essa certidão é quase a única lembrança de Silvina no museu. Há inclusive um artigo jornalístico sobre o extenso e tortuoso caso de Bioy Casares com Elena Garro, a escritora mexicana que também foi esposa de Octavio Paz. No pequeno e bem cuidado museu, Silvina Ocampo é uma atriz secundária.

Percorrer Pardo leva menos de quinze minutos. O pôr do sol lhe confere aquela melancolia peculiar dos entardeceres no pampa, uma tristeza dourada e rosa, intransferível. A fazenda Rincón Viejo, da família Bioy Casares, fica nos arredores do vilarejo, mas é impossível visitá-la. A família – o neto mais velho de Bioy e Silvina, Florencio Basavilbaso, que por meio de um administrador toma conta da propriedade – não quer que curiosos, pesquisadores ou jornalistas se aproximem. Às vezes o caseiro permite ao menos avistar a casa de longe. Mas, no dia da visita, não tenho sorte. O delegado municipal de Pardo, Lisandro Paggi, diz que "não tem ninguém na fazenda" e que por isso não pode pedir permissão para entrar, mas dá a impressão de que está sendo gentil, de que já sabe da negativa, ou já a tem.

Há fotos da fazenda: as paredes externas rosadas, dois andares, sacada, grades coloniais nas janelas, uma varanda com estátuas. E há o depoimento dos habitantes de Pardo, principalmente de Las Flores – nos últimos anos houve um êxodo urbano, embora não catastrófico: no vilarejo sempre morou pouca gente –, que se lembram de ter visitado a fazenda várias vezes, sempre no dia 21 de setembro. Por quê? Porque na Argentina é comemorado nessa data o Dia do Estudante – e também o início da primavera –, e muitas escolas organizam excursões, piqueniques, festejos para os alunos. Em Las Flores e Pardo, a festa era na fazenda Rincón Viejo. "Faziam corridas de saco", lembra Verónica Colarte, vizinha de Las Flores, enquanto abre em casa sua própria pasta de recortes com notícias sobre Bioy e sobre o vilarejo. "A fazenda é linda. Tem uma quadra de tênis. E uma trepadeira subindo por todas as paredes da casa, até o telhado." A tradição de as crianças festejarem ali começou com

Juan Bautista Bioy, o "doutor Bioy", pai de "Adolfito". A escola nº 13 de Pardo se chama Juan Bautista Bioy; tem mais de cem anos, é muito bonita, branca, com base de pedra cinza e telhado vermelho. O Dia do Estudante já não é comemorado ali, conta Verónica. Por quê? Ela não tem certeza: o herdeiro mandou que parassem de organizar em 2005.

E Silvina? Lisandro, o delegado municipal, conta que uma senhora, uma idosa que deixou Pardo e mora com a filha em Olavarría, costumava mencioná-la.

— E o que ela dizia?

— Comentava que uma vez os dois chegaram a cavalo no vilarejo, Bioy e Silvina, e que de um cavalo a outro se deram um beijo na boca. Um beijo apaixonado, dizia. E que todo mundo comentou, porque não era comum. A velhinha dizia que Silvina tinha uns óculos horrorosos, enormes.

— Ela não gostou muito dessa história do beijo de um cavalo a outro.

— Bom, é uma mulher mais velha.

— E é possível falar com ela?

— Não, coitadinha, já está muito idosa.

Quem se lembra de Silvina é César Lámaro, dono do único armazém de Pardo, que ainda é chamado de "secos e molhados", como um século atrás. César diz que toca o negócio há sessenta e oito anos – começou muito criança – e quer se aposentar, mas é impossível acreditar nele. Fica claro que adora seu armazém, conversar com as pessoas, passar o tempo atrás do balcão na calma inaudita do povoado. Lembra-se, primeiro, de

Borges. O armazém tinha o único telefone de Pardo – nem mesmo a fazenda tinha linha –, e era preciso esperar a vez de usá-lo. Com Borges, no entanto, o tratamento era especial. Oscar Pardo, capataz da fazenda, sempre o trazia. Ele tinha que esperar, como todos os outros, mas esperava sentado na cozinha do armazém. "Era um daqueles telefones pretos, de girar. Eu me sentava à mesa com Borges e conversávamos. Sei lá sobre o quê, bobagens. Eu era moleque e ficava um pouco impressionado." De Adolfito, lembra-se com fervor. "Ele tinha adoração por Pardo. Era a melhor pessoa. Qualquer coisa que se pedisse para Pardo ele dava. Você pedia uma bezerra para a escola e ele dava sem pensar. Ai, como amava sua terra, coitado. Mas era mau administrador. Sempre foi muito gentil. Eu me lembro dele uma vez, nós o encontramos numa inundação, parado na *ruta* 3, em frente à fazenda. A entrada da propriedade estava cheia de água. Foi em 1980. Ele veio ver como a fazenda estava quando soube da inundação. Estava tão preocupado, coitado."

— Naquela época ele já não vinha com frequência.

— Já não vinha quase nunca.

— E Silvina?

— Silvina vinha comprar tênis. Sempre os mesmos, ela queria. Tênis Indiana comuns, sem cadarço, cor de rosa ou vermelhos. Calçava trinta e nove. Toda vez que vinha, ela pedia por seus tênis. Sempre que se aproximava a data que os Bioy vinham para a fazenda, uns dez ou quinze dias todos os verões, meu pai se preocupava em conseguir os Indiana, porque sabia que Silvina iria pedir por eles.

— Dizia mais alguma coisa?

— Não me lembro muito mais dela. Era calada. Ficava muito feliz com seus tênis. O que sim se notava é que era mais velha que Adolfito. Ele estava muito bem conservado.

Em Pardo não há hotéis nem albergues: o vilarejo é muito pequeno. É preciso voltar a Las Flores pela *ruta* 3, que não está em perfeitas condições. Desde 2010, um ônibus rodoviário, que inicia seu trajeto em Buenos Aires e termina na cidade de Necochea, entra em Pardo duas vezes por dia. Para sair ou chegar ao vilarejo fora desses horários fixos é necessário ir de carro ou de *remis*, as lotações que vão e vêm de Las Flores com relativa frequência.

Em Las Flores acontece mais ou menos a mesma coisa: muitos se lembram dos Bioy – do pai e do filho – e poucos de Silvina. A prefeitura – outro edifício extraordinário da arquitetura pampeana argentina do final do século XIX – organiza todos os anos o Concurso de Conto e Poesia Adolfo Bioy Casares. Estranho: Silvina foi muito mais contista e poeta do que Bioy, que se destacou muito mais como romancista. Marcelino, de setenta e nove anos, vizinho de Las Flores e trabalhador rural que se mudou de Pardo há poucos anos, após vender seus quatro hectares, se lembra da fazenda dos Bioy. Trabalhou ali durante um ano: 1955. "Adolfito e o doutor Bioy eram muito gentis. O doutor Bioy fez todos os esforços para me livrar do serviço militar. Mas eu queria servir, pedi desculpas a ele e servi no sul. Ele me disse: 'Bem, se é da sua vontade, tudo certo'. Depois fui embora porque briguei com o capataz. É um campo grande, de 3.000

hectares mais ou menos. Naquela época tinha 9.000 ovelhas, 12.000 vacas, muitos animais de curral e muito movimento de gente, jardineiro, chacreiro, mateiro, roçador. Era bem limpinha; agora está tudo abandonado. A mata está cortada na parte da casa principal e em tudo o que há em volta; antes havia trilhas abertas na mata, eles caminhavam por ali. Agora há plantas jogadas no meio das trilhas. Eles arrendam a terra para plantio. Criam touros de raça, nada mais."

— Quando vinham os Bioy?

— No verão, por quatro ou cinco dias. Percorriam a fazenda. O mordomo os levava para andar a cavalo pelo campo. Minha irmã Juana Máxima era a criada de Silvina. Mas faleceu, que descanse em paz.

— Contava coisas sobre ela?

— Não, quase não me falava da dona Silvina.

— E o senhor se lembra de Silvina?

— Ela gostava de caminhar. Eu a encontrava caminhando pela estrada, espiava e a via. Às vezes da mata. Sempre na beira da estrada.

Pouco se sabe da vida de Silvina Ocampo na fazenda Rincón Viejo, onde viveu com Adolfo Bioy Casares – quase permanentemente – desde 1934 até pouco depois de seu casamento, em 1940. O que se sabe é que ela adorava o campo. Contou isso à jornalista argentina María Moreno em uma entrevista dos anos setenta: "A coisa mais linda do mundo é o campo da província de Buenos Aires, onde as nuvens são as montanhas; as flores roxas ou o linho, o mar; os reflexos, a margem de um lago. Há muitos lugares mais bonitos, mas esse me cativa, não sei por qual mistério". Adolfo Bioy Casares, em suas *Memorias*, garante que foi em Rincón Viejo que Silvina se afastou do desenho e da pintura e começou a escrever. É possível que tenha escrito na fazenda os contos de *Viaje olvidado*, seu primeiro livro. Também foi na fazenda que ela convenceu Bioy a se dedicar totalmente a ser escritor: para ela, era a melhor profissão do mundo, e insistiu ao marido para abandonar o Direito, carreira de que não gostava e que o deixava angustiado. Também na fazenda, tornou-se sólida e indissolúvel a amizade com Borges: em meados dos anos trinta, na sala de jantar de Rincón Viejo, com a lareira acesa e tomando chocolate quente, Borges e Bioy redigiram juntos um folheto científico sobre os benefícios da coalhada e do iogurte para La Martona, a empresa leiteira familiar dos Bioy. Foi seu primeiro trabalho conjunto. Para Borges, o serviço significava uma renda que vinha a calhar; ele não era riquíssimo como seus amigos. Para Bioy, era um favor de família. A colaboração foi apenas a primeira: não pararam mais. Nem de se visitar, nem de se ler, nem de escrever ou editar juntos.

Adolfo tentava, mas não era feito para o trabalho no campo. Em suas *Memorias*, escreve: "As despesas de Rincón Viejo eram muitas. Era preciso ocupar o campo. Era preciso arrumar a casa. Era preciso comprar ferramentas e materiais para a lavoura. Era preciso consertar moinhos, tanques, bebedouros e cercas... Falhei em tudo o que exigia muita habilidade, como traçar leiras com o arado, e naquilo que exigia muita força, como cercar ou cavar buracos para os postes (...). Em Rincón Viejo eu li muito, escrevi todos os dias. Silvina me acompanhava e me ajudava a trabalhar na fazenda. Nas tardes de inverno, junto à lareira da sala de jantar, nós líamos e escrevíamos. Foram anos muito felizes". Silvina também decorou Rincón Viejo do seu gosto: como adorava estátuas – inclusive, parou de visitar sua irmã Victoria em San Isidro, na mansão que Victoria herdara, quando soube que ela, "num ataque de modernismo", havia retirado as duas mulheres de mármore que flanqueavam a escadaria principal da mansão –, mandou trazer de Adrogué, subúrbio de Buenos Aires, uma dúzia de estátuas que encontrou no jardim de uma casa abandonada: tinha-as visto durante um passeio com Borges. Chegaram à fazenda um tanto quebradas pelos solavancos da viagem, e ela as restaurou o melhor que pôde. Até hoje decoram a varanda da fazenda – pelo menos ainda estavam ali segundo as últimas fotografias conhecidas de Rincón Viejo.

Durante todos aqueles anos, Silvina escreveu cartas de Pardo. Dentre as pouquíssimas que se tornaram públicas, há várias a sua irmã Angélica. São simples e afetuosas e quase exclusivamente dedicadas ao seu cachorro, Lurón. No dia 31 de dezembro de 1937, escreve: "Não deixarei passar este dia sem te escrever nem que sejam duas linhas. Estranho teu silêncio. Está brava? Não recebeu minhas duas cartas antes desta? Espero que não se esqueça de desejar (se não a mim) pelo menos a Lurón um feliz ano novo. Já está tosado feito um leãozinho de brinquedo carunchento. Decidimos tosá-lo por causa do calor e dos carrapichos e espinhos. Ele me assusta de noite, correndo na grama como numa *jungle*, fugindo dos outros cachorros. Apesar de ser tão medroso, adquiriu um ar feroz e maligno com esse corte imperfeito tipo leão. Como pode ver, não tenho outro assunto". Em outra carta, pouco depois: "Os dias estão frescos e, como choveu, o campo está verde. Começa neste mês de março uma espécie de primavera ainda mais deslumbrante do que a verdadeira primavera. Sou muito feliz no campo: nos dias de calor porque faz calor; nos dias nublados porque há mais cores; nos dias de chuva porque são relaxantes; nos dias de frio etc., etc. Nesses dias depois das chuvas, Lurón me enche de felicidade. Saio para caminhar com ele. Há poças d'água por toda parte onde Lurón corre, corre embriagando-se de barro e de água e de velocidade. Surge da água preto como um carvão, coberto de cachos e com os olhos amarelos e travessos. Você logo verá como progrediu em cachos, inteligência e saúde. É um prodígio". Assina todas as cartas como "Sin", que em inglês quer dizer "pecado".

Silvina gostava muito de cachorros. Os que mais amou foram Lurón, Diana e Ayax. Ayax era um dogue alemão que foi enterrado em Rincón Viejo. Silvina dizia que havia se apaixonado por Bioy graças ao cachorro, apenas ao ver o amor que ele sentia por seu dono. Ela o lembra em "Nueve perros", conto de *Los días de la noche* (Sudamericana, 1970) que é uma declaração de amor e uma elegia a esses nove companheiros: "Ele me ensinou que não apenas o fato de ser um cão, mas de ter um cão, às vezes é trágico. Também me ensinou a conhecer, a apreciar a verdadeira fidelidade. Não era meu, mas isso não tinha importância, já que em toda posse há remorsos; foi meu preferido, mas o que estou dizendo? Foi meu preferido porque eu o associo com a chegada da felicidade: este é o maior motivo de gratidão que tenho. Na minha lembrança, o júbilo está sempre acompanhado daquele cachorro, como São Roque do seu".

E, além dos cães, ela gostava de *motorhomes*. Pouco depois do casamento, quis unir essas duas paixões numa estranha viagem de recém-casados, mas a aventura foi um fracasso. Ela a contou a Noemí Ulla em *Encuentros con Silvina Ocampo* (1982): "Quando nos casamos, compramos uma casa sobre rodas. Eu estava apaixonada por todas as cidadezinhas de interior, como se eu fosse de outro país. A Argentina me parecia um país maravilhoso, o mais maravilhoso. Compramos um trailer para viajar por toda a república. E, certa manhã, saímos. Eu não dormia durante o tempo em que a casa sobre rodas foi montada: prateleiras, livros, cortinas..., não conseguia dormir. E Bioy levaria o dogue alemão, que não se separaria dele. Saímos numa manhã nublada – eu gostava que fosse nublada – e partimos para Córdoba. Bioy tinha mandado fazer pneus especiais para que a viagem tivesse um bom balanço, mas o pneu friccionava, era gordo demais para o para-lama, e então começaram os desastres. Dava para sentir cheiro de queimado. Eu ia na parte de trás com aquele cachorro enorme, testei a cama e notei que, acima de 30 km por hora, ela se movimentava. Eu batia no carro, estávamos com dois amigos de Bioy, e o cachorro também deslizava. A casa balançava. Por fim pensamos em passar a noite em Rosário e num posto de gasolina eu comecei a cozinhar, mas o fogareiro caiu no chão. Quase houve um incêndio. Nos aprontávamos para dormir e as pessoas achavam que éramos uma companhia de circo, batiam nos vidros. Por esse motivo, tivemos que sair do posto de gasolina. O cachorro teve que descer para fazer suas necessidades, começou a chover e o cachorro encheu a casa de barro. Fomos a Villa Allende, em Córdoba, mas o cachorro não conseguia subir a ladeira. Frustrados uns com os outros, culpando-nos – você não fez isso, você não cozinhou –, tivemos que desistir da viagem, da casa. Vendemos o trailer e voltamos a Buenos Aires. Foi uma linda experiência".

Em 1940, os Bioy (após o casamento seriam conhecidos assim, no plural) mudaram-se para Buenos Aires, para um edifício fabuloso da rua Ecuador, onde começou a segunda – apaixonada, turbulenta, absolutamente funcional e compatível – vida de casados. Aos poucos, Pardo foi ficando para trás, até não ser mais que uma semana durante os verões, a lembrança da juventude, aqueles beijos a cavalo sob o céu do pampa.

RAINHA, MADRINHA, VICTORIA

O mais comum dos lugares-comuns sobre Silvina Ocampo é considerar que ela ficou à sombra, apagada, diminuída por sua irmã Victoria, seu marido escritor, Adolfo Bioy Casares, e o melhor amigo de seu marido, Jorge Luis Borges. Que eles a ofuscaram. Mas é possível que a posição de Silvina tenha sido mais complexa. Aqueles que a admiram fervorosamente decretam sem dúvidas que foi ela quem escolheu esse segundo plano. Dizem que, dali, podia controlar melhor o que queria controlar. Que nunca se interessou pela vida pública, mas sim por ter uma vida privada livre e o menos escrutinada possível. Que, definitivamente, ela inventou seu mistério para não ter que dar explicações.

Em todo caso, uma dessas sombras, provavelmente a mais importante por ser a primeira, foi a de sua irmã mais velha, Victoria. Tinham treze anos de diferença. Quando Victoria fez vinte e dois, já estava casada e na Europa: naquela época, Silvina tinha nove. Quase não viveram na mesma casa.

Victoria Ocampo é uma das mulheres mais importantes da primeira metade do século XX na Argentina, ofuscada apenas pela mulher que seria seu espelho invertido, Eva Perón.

Era linda, inteligente, decidida, intelectual, moderna. Decorava suas casas com móveis da Bauhaus e contratava como arquiteto Le Corbusier. *Sur*, a revista literária que ela fundou em 1931, foi uma das mais importantes do mundo: tornou Borges famoso, tinha colaboradores como Pablo Neruda, Gabriela Mistral, Waldo Frank, Federico García Lorca. A editora de mesmo nome, que ela criou pouco depois, publicou Jung, Virginia Woolf – que a chamava de amiga –, Nabokov, Sartre, Camus. Gabriela Mistral lhe escreveu: "A senhora mudou o rumo da leitura de vários países da América do Sul". Antifascista – única pessoa da Argentina a assistir aos Julgamentos de

Nuremberg –, antiperonista, foi presa aos sessenta e três anos pelo governo de Juan Domingos Perón, acusada de conspiração. Feminista, foi uma das primeiras mulheres argentinas a dirigir um automóvel; em 1920, separou-se do marido e viveu um romance apaixonado durante quase quinze anos com o diplomata Julián Martínez. Em sua casa, hospedaram-se Igor Stravinsky, Indira Gandhi, Rabindranath Tagore. Graham Greene dedicou a ela o romance *O cônsul honorário*. Era escritora: seus *Testimonios* e sua *Autobiografía* só agora começam a ser valorizados como as obras únicas, lúcidas e saborosas que são. Era generosa e afiada. Sua relação com Borges foi tortuosa. "Borges não merece o talento que tem", costumava dizer. Ou, quando estava brava: "Não há bobagem que Borges não tenha dito". Victoria era imensa, dominadora: reinava de Villa Ocampo, sua casa de San Isidro, mas estava em todos os lugares. E Silvina não conseguia se dar bem com ela. Há uma versão que explica essa distância de forma quase cândida. Há outra que tem conotações de política literária e traição. E há ainda outra, muito mais brutal, marcada pelo desejo.

A versão cândida, contada por Silvina em uma entrevista, é assim: um episódio da infância que marcou a relação para sempre. Quando se casou, Victoria levou Fanni para a Europa, a babá de Silvina, a mulher que Silvina mais amava no mundo, que a mimava, que cuidava dela. Todos sabiam que a relação entre Fanni e Silvina era de mãe e filha, mas ninguém se atreveu a negar a empregada a Victoria: aos vinte e dois anos ela já tinha um gênio forte que lidava mal com a rejeição de seus caprichos. Seja como for, Victoria levou Fanni e as duas viveram juntas até a morte, numa relação intrincada e fascinante. Silvina não a perdoou jamais. Jorge Torres Zavaleta, escritor amigo de Silvina, também recorda esse drama da babá. "Silvina contava-o com os olhos cheios de lágrimas. E já tinha mais de sessenta anos! Para ela foi muito duro quando Victoria levou Fanni embora. Nunca a perdoou. 'Tem coisas que nunca terminam de acontecer', me dizia. Estava em carne viva por isso."

Silvina costumava dizer que havia encontrado sua mãe "depois de várias babás". É possível que naquele momento – aos seus nove anos – o afeto maternal de Fanni fosse o único que ela havia experimentado.

Silvina Ocampo costuma ser incluída no "Grupo Sur" porque foi a partir dali, da revista de sua irmã e depois da editora Sur, que deu a conhecer sua literatura. Mas a *Sur* não era apenas uma revista que publicava literatura: era uma tribuna de disputa cultural. E, nesse sentido, o lugar de Silvina dentro da revista em relação aos debates estéticos e políticos que ali se desenrolavam não era central, mas sim, e talvez intencionalmente, secundário. Periférico. Em seu livro *Escritores de Sur* (Beatriz Viterbo, 2011), a crítica Judith Podlubne escreve: "A *Sur* foi uma plataforma de testes, um veículo privilegiado e um agente ativo da operação que Borges, Bioy, Silvina Ocampo e Pepe Bianco empreenderam para tirar do centro da cena uma poética do romance e uma ideia de literatura que subordinava a dimensão estética aos imperativos morais, representada por Eduardo Mallea e compartilhada, entre outros, por Victoria Ocampo... Na *Sur* conviveram e polemizaram, de maneira quase sempre implícita e dissimulada, dois princípios literários antagônicos, cujos principais valores informaram, de modo particular em cada caso, sobre as diferentes poéticas narrativas e ensaísticas de seus escritores. Um princípio humanista, defendido por Victoria Ocampo, Eduardo Mallea e Guillermo de Torre, em estreita sintonia com o debate de ideias que atravessa a revista desde meados dos anos 1930, e um princípio formalista, com o qual se identificam Borges, Bioy e seu grupo de seguidores, sobretudo a partir de 1940".

O posicionamento dentro do campo literário foi vencido por Borges. E fazia parte de uma estratégia de posicionamento mais ampla, também contra outros setores do campo intelectual dos quais tinha interesse em se diferenciar. Mas o que importa aqui é o papel de Silvina nessa luta. E, de acordo com Podlubne, a pressão a que certamente se viu submetida, explícita ou implicitamente, deu origem à sua narrativa, anômala, inclassificável, impossível de ser situada nos lados em disputa. Em *Escritores de Sur*, afirma: "Silvina Ocampo abriu uma alternativa suplementar ao antagonismo entre os princípios literários da *Sur*; sua singularidade deixou em suspenso os critérios dominantes na revista. Ocampo é dona de uma das narrativas mais excepcionais fomentadas na revista. Impensada e inadvertidamente, a escrita de *Viaje olvidado* se deu não apenas à margem do ideal de escrever bem que caracterizou o humanismo literário da *Sur*, como também do ditame de construir tramas perfeitas definido pelo formalismo borgiano".

É nesse contexto de tensão que Victoria resenha *Viaje olvidado*, o primeiro livro de sua irmã, no n° 35 da *Sur*, em agosto de 1937. Victoria resenhar o livro de sua irmã é uma espécie de presente de grego: não podia elogiá-lo muito, sob o risco de ser acusada de favoritismo e nepotismo; e para Silvina é um estranho favor, pois a resenha de uma irmã, ainda que seja Victoria Ocampo, sempre acabará sendo pouco objetiva. A resenha, no entanto, é inteligente apesar de afiada. Sua autora está perplexa. Quem é essa irmã que escreve tão estranho e, sobretudo, que recorda tudo tão diferente? O que Silvina está fazendo com a memória? O que é essa infância perversa e pervertida que ela conta nesses contos curtos, extravagantes, mordazes? Victoria escreve: "Tudo está escrito em uma linguagem falada, cheia de imagens felizes – que parecem então naturais – e cheia de imagens malsucedidas – que parecem então acometidas de torcicolo. Umas não serão possíveis senão graças às outras? Esse é um risco que na minha opinião é preciso enfrentar... Essas lembranças me enviavam sinais na linguagem cifrada da infância, que é a do sonho e da poesia. Cada página aludia a casas e a seres conhecidos em meio a coisas e seres desconhecidos, como em nossos sonhos. Como em nossos sonhos, rostos sem nome apareciam de repente em uma paisagem familiar, e vozes estranhas ecoavam em um quarto cuja atmosfera já era íntima. Conhecendo o lado da realidade e ignorando a distorção que essa realidade sofrera ao ser olhada com outros olhos que não os meus, e apoiada naqueles sonhos, me vi pela primeira vez na presença de um fenômeno singular e significativo: a revelação de uma pessoa disfarçada de si mesma".

Silvina não viu o lado positivo da resenha – a primeira recebida na vida –, que a irritou. Há uma mágoa anterior: antes da publicação, Silvina havia dado o manuscrito de *Viaje olvidado* para que Victoria o lesse. E Victoria o perdeu. Silvina contou isso a Noemí Ulla, sem mencionar sua irmã: "Minha primeira revelação, meu primeiro contato com o crítico e a pessoa que julga o que se fez, foi muito infeliz. A pessoa a quem entreguei o manuscrito o perdeu. Os dias se passavam e ela não me dizia nada. Isso me pareceu pior do que se tivessem dito que eu tinha que escrever de outra forma. Finalmente, me disse. Nunca mais lhe dei outros contos. Ela não percebeu a angústia que aquilo significara para mim".

Três anos depois, quando Silvina se casou com Adolfo Bioy Casares, a distância entre as irmãs se ampliou ainda mais.

Bioy não gostava de Victoria. Não era apenas a disputa pelo poder dentro da *Sur,* na qual Bioy era aliado incondicional de seu melhor amigo, Jorge Luis Borges. Bioy simplesmente não suportava sua cunhada. A antipatia era mútua. São muitos os depoimentos que o comprovam. Vão em ordem crescente. Em seu *Memorias* (1994), Bioy Casares escreve: "O carinho e até mesmo a admiração que sentiam na minha casa pelas Ocampo me preparou para olhar o grupo Sur e reconhecer o surgimento da revista como um fato importante. No entanto, nunca me senti totalmente confortável com eles. O que mais nos afastava eram nossas simpatias e diferenças literárias: algo com que eu não podia transigir. Ali, admirava-se Gide, Valéry, Virginia Woolf, Huxley, Sackville-West, Ezra Pound, Eliot, Waldo Frank (que sempre me pareceu ilegível), Tagore. Nenhum deles eu poderia dizer que estava entre meus autores favoritos. De Virginia Woolf, admirada por minha mãe e por Silvina, que se orientavam pelos seus gostos e não pelas modas do momento, nunca tive a sorte de ler um livro que me interessasse; não gostei nem mesmo de *Orlando*, de que Borges, a despeito de tê-lo traduzido, falava elogiosamente". Mais adiante, no mesmo livro, Bioy descreve a viagem a Nova Iorque que fez com Silvina e Angélica García Victorica, ou "Genca", sobrinha de Victoria e Silvina. É um retrato que pretende deixar uma má impressão de Victoria – com leve humor, ele a descreve como esnobe, caprichosa e autoritária – sem perceber que são os três que saem como bobos um tanto cruéis, ao não saberem ou não quererem apreciar o bom gosto de Victoria, que, em 1949, os levava para ouvir jazz no Harlem e frequentar os melhores restaurantes da cidade. Bioy escreve: "Depois ela nos perguntou se queríamos sair à noite com Louise Crane (nome na época totalmente desconhecido para nós) ou se preferíamos que Tucci (daria no mesmo se tivesse dito Cucci ou Mucci) nos levasse em seu carro ao Downtown, ou se optávamos por visitar no dia seguinte, com o conde Du Pernod, a praia de Long Island, que a solidão e a penumbra invernal tornavam romântica... Victoria não entendia. O fato de nos instalarmos e descansarmos ao invés de passear pela cidade provocou nela um processo de indignação fulminante. Vi como ela se levantava, obesa e enorme, resmungava não sei o que num tom insólito e saía do quarto feito um furacão, chorando". Em *Descanso de caminantes* (Sudamericana, 2001), fragmentos de seu diário íntimo selecionados por ele pouco antes de sua morte, primeiro Bioy é reflexivo, e então, brutal: "Perguntei-me por que nunca fui realmente amigo de Victoria Ocampo... Sei que Victoria era uma boa pessoa, sem dúvida partidária do bem... Dizer que ela era mandona,ególatra e vaidosa não é faltar com a verdade, mas sem dúvida aturamos muita gente assim. E então? Acho que hoje encontrei a resposta. Victoria oferecia amizade e proteção em troca de obediência. Naturalmente não escravizava ninguém. Em sua casa, os amigos tinham toda a liberdade de alunos dos últimos anos de uma escola. A rainha e seus acólitos ou bufões". Depois, na entrada intitulada "Morte de Victoria Ocampo": "Bastou o *La Nación* dar a notícia, freneticamente exagerada, para que o país fosse acompanhá-la. Nunca recebi tantas condolências. Pessoas que em vida a consideravam excêntrica, ridícula e até mesmo nefasta, depois de ler as notícias nos jornais sentiram a necessidade premente de participar do luto. Recebi uma carta na qual ponderava-se a imensidão da perda para a família, o país, o mundo e o universo". Uns dias depois, finalmente escreve, lapidar: "O país inteiro presta homenagem a Victoria Ocampo. *Errare humanum est*". Nem uma palavra sobre o pesar de Silvina ou da família.

Em *Borges* (Destino, 2006), seu mastodôntico diário de mil páginas que reúne as entradas relacionadas, justamente, com Borges – Bioy tomou nota dos pormenores dessa amizade durante mais de quarenta anos, quase todos os dias –, aparece, de um lado, seu embate com Victoria e, de outro, o carinho e inclusive a defesa de Silvina quando atacavam sua irmã. O exemplo mais impressionante é contado no dia 25 de março de 1964, em Mar del Plata. Bioy escreve: "À noite, acreditando que tinha esse direito, Borges censurou Victoria na frente de Silvina (esta a havia censurado, mas não aceita que outros o façam). Silvina o acusou de ser cruel com pessoas de que não gosta nem estima, e de não respeitar as relações humanas (o amor fraterno ferido). Borges reconheceu que, para ele, as pessoas que não contavam simplesmente não existiam ou existiam como objetos incômodos, como baús deixados no meio do caminho. Admitiu seu erro, mas acrescentou que era um consolo para ele saber que não havia tratado melhor as celebridades, os primeiros-ministros ou presidentes... Silvina, rubra de raiva, atacava. A modo de defesa, um tanto pateticamente, Borges disse: 'Acho que tem muita gente que me quer bem'. Silvina: 'Isso não prova nada'. Acrescentou algo no sentido de que não se é amado por ser bom, ou não se ama uma pessoa por ela ser boa... Silvina estava roxa e de ânimo empedernido. Tudo porque Borges disse alguma coisa desrespeitosa sobre Victoria".

É mais ou menos explícito: Borges e Bioy criticam, julgam e até caçoam de Victoria Ocampo. Não têm apreço por ela. Eles se contêm diante de Silvina, porque Silvina sim ama sua irmã. Tem suas diferenças e rancores, mas a ama, a respeita. Já com seus amigos, sim, ela ri de Victoria. Um pouco. Ernesto Schoo – escritor, crítico do jornal *La Nación* – contava antes de falecer em 2013 que, uma vez, numa conferência de Victoria, Silvina sussurrou em seu ouvido: "Ai, ela não te dá medo?". Para Hugo Beccacece, jornalista que a entrevistou várias vezes, ela dizia, risonha: "Esse filme é muito sério. É muito a cara da Victoria". E, mostrando com orgulho sua neta para Edgardo Cozarinsky, escritor, cineasta e amigo: "Não é linda? Coitadinha, deram o nome de Victoria."

A relação era de constante implicância, mas também de demanda. Victoria e Silvina irritavam-se e exigiam-se ao mesmo tempo. Em uma entrevista dada junto a seu arquivo de fotos dos Bioy, Axel Díaz Maimone, agitador cultural de Necochea – cidade do litoral argentino perto de Mar del Plata – e amigo de Jovita Iglesias, histórica governanta de Silvina, diz:

— Jovita me contou que Victoria telefonava todos os dias à casa dos Bioy para falar com sua irmã. E que em Mar del Plata, quando Silvina dizia à irmã que iam sair naquele dia, ela "montava guarda na janela do seu quarto até ver o automóvel de Adolfito entrar na Villa Silvina. Quando abríamos a porta da casa, o telefone começava a tocar e Silvina já sabia que era Victoria ligando. Atendia. Victoria lhe perguntava como tinha sido a viagem e pedia que fosse visitá-la. Silvina respondia: 'Victoria... acabo de entrar e já está me pedindo para sair. Deixe eu arrumar as coisas e depois vou'. Mas nota-se que Victoria insistia, porque Silvina acabava ficando brava e dizia a ela: 'Chega, Victoria. Não seja chata. Se continuar assim eu não vou'. Depois acabava indo, e me pedia para acompanhá-la".

Edgardo Cozarinski evoca as irmãs em seu livro *Blues* (Adriana Hidalgo, 2010): "Num domingo em que Enrique Pezzoni me levou a Villa Ocampo, Victoria tinha convidados estrangeiros e precisava de figurantes 'que falassem idiomas'. Assisti no jardim à recepção de três mensagens, como nas fábulas tradicionais, que sua empregada Pepa entregou à patroa. A primeira: 'dona Silvina está ao telefone e pergunta o que tem para comer'. Resposta afiada: 'diga a ela que não anunciamos o menu'. A segunda: 'dona Silvina está ao telefone e pergunta quem vai estar presente'. A resposta, não menos afiada: 'não informamos a lista de convidados'. A terceira e última: 'dona Silvina está ao telefone e diz que o carro quebrou'. Resposta: 'diga a ela que pegue um táxi, para isso ganhou uma bolsa Guggenheim'. Silvina, obviamente, não foi esperada e nem apareceu. Assim como a irmã caçula se divertia irritando Victoria, cujas opiniões mordazes ela percebia como agressões indiretas, cuja vocação cultural lhe era estranha, a mais velha detestava a mesquinharia de Silvina, e julgava indecente que, sendo rica, se inscrevesse em uma bolsa e a tivessem lhe concedido. Silvina praticava, já instintivamente e com exímia habilidade, esse *never explain never apologize* que é a marca registrada das personalidades fortes, mesmo quando exibem seu lado frágil".

Francis Korn lembra que Bioy sempre lhe contava a mesma história: "Ele foi – a pedido de Silvina – visitá-la em seu hotel em Paris. O concierge perguntou quem era e anunciou por telefone a Victoria que seu cunhado perguntava por ela. Quando desligou, olhou de lado para Adolfo e lhe disse, com a habitual cortesia parisiense: 'A senhora diz que não tem nenhum cunhado'".

A profunda antipatia entre Bioy e Victoria Ocampo, muitos defendem, nesse que é quase um mito da literatura argentina, tem origem pessoal, apaixonada, erótica. Em 1949, numa viagem à Europa e aos Estados Unidos, Silvina e Bioy levaram Silvia Angélica, a "Genca", sobrinha das irmãs Ocampo. Genca era amante de Bioy e, segundo o boato e a lenda, também de Silvina. O depoimento mais explícito sobre esse trio pode ser encontrado em um livro comercial, aparentemente inofensivo, chamado *Secretos de família* (Sudamericana, 2010), da jornalista Magdalena Ruiz Guiñazú, que entrevista Dolores Bengolea, sobrinha-neta das Ocampo. Dolores diz: "Ambas tiveram uma ruptura brutal depois do casamento de Silvina com Bioy. Silvina e Adolfito se casam e partem em lua de mel, numa viagem longa, de vários meses. Saem para percorrer a Europa. Mas levam Genca, que era a filha mais nova de Pancha, outra irmã Ocampo. Naquela época, Genca não devia ter mais de 16 anos. Uma sobrinha bastante querida de Victoria. Aliás, Victoria lhe dedica *La laguna de los nenúfares*, uma peça de teatro infantil muito bonita. Dedica a obra a Genca e lhe escreve uma dedicatória muito linda, 'Para Genca, que me ensinou tanto'. O problema é que, quando Adolfito e Silvina se casam, eles a levam na viagem e cria-se uma situação que nunca foi remediada na família. Bioy e Silvina compartilham Genca sexualmente e isso a destrói, a modifica, a transforma em outra pessoa. Eles retornam e Victoria fica sabendo e causa um escândalo familiar tão grande que param de se falar por um tempo.

Acho que nunca perdoou Silvina. Era uma época de liberdade sexual, uma época inclusive um tanto libertina. A época de Virginia Woolf, quando a bissexualidade era muito comum tanto em homens quanto em mulheres. E na Argentina também acontecia entre certas pessoas, na classe alta. Havia uma descontração. Aquilo tinha virado moda. Mas Victoria não entra nesse jogo. Na verdade, ela respeita plenamente quem o faz, quem se despe e se ama em grupo ou em casais do mesmo sexo, chega inclusive a aceitar que existam pessoas que gostem de assistir a isso e se divertir. Mas lhe parece excessivo que seja com meninas de 16 anos, ainda mais com sua sobrinha, com aquela sobrinha. Sentiu-se ultrajada. Ela tinha visto Genca crescer, Silvina também. E então se dá a grande ruptura entre as duas irmãs. Genca volta dessa viagem e passa de ser campeã argentina de golfe juvenil para se enfurnar na fazenda da família e não sair nunca mais. Ela volta a Buenos Aires após a morte de Pancha, sua mãe, para cuidar de seu pai, que já estava paralítico e acamado. Dedica-se a cuidá-lo e, quando ele morre, continua morando no apartamento da rua Posadas. Leva uma vida muito triste, de absoluta devoção à história e a Silvina. Ligava para ela, conversavam por telefone. Não se sentiu abusada por essa situação em que a meteram, porque obviamente uma menina de 16 anos não entra aí sozinha. Acredito que isso a desconcertou, a tal ponto que nunca soube encontrar um lugar na sociedade depois dessa experiência, embora continuasse amando Silvina, sempre".

O depoimento tem alguns problemas. Em primeiro lugar, a viagem não foi exatamente uma lua de mel: Bioy e Silvina estavam casados há dez anos quando visitaram a Europa juntos pela primeira vez. Nem era a "época de Virginia Woolf", que se suicidou em 1941 (a viagem foi em 1949). E Genca não era uma adolescente: quando a levaram na viagem, tinha quase trinta anos, pois nascera em 1919. É verdade que foi amante de Bioy desde muito jovem, talvez na adolescência, porque ela mesma contava isso. Terá sido amante dos dois, então? Não é possível comprovar. Por outro lado, segundo o depoimento de Jovita Iglesias, governanta dos Bioy, Genca e Silvina nunca conversavam. Genca sequer punha os pés no apartamento de sua tia, ainda que fossem vizinhas, ainda que morassem no mesmo prédio. Outras pessoas também foram àquela viagem, não apenas os três; e o romance de Bioy e Genca já tinha mais de dez anos, os dois eram amantes desde aproximadamente 1937, quando Bioy e Silvina já viviam juntos. Será então um mito? Muitos amigos, conhecidos e biógrafos dizem que é apenas um boato maldoso, que causou sérios problemas familiares a Silvina. As cartas que poderiam confirmar ou negar o trio permanecem inéditas. Mas o boato está aí, provocador, um excesso decadente dos ricos boêmios, grande fantasia libertina.

Victoria Ocampo morreu em 1979, aos oitenta e oito anos. Naquele dia, um 27 de janeiro pela manhã, a escritora Noemí Ulla recebeu uma ligação de Silvina. Mal se conheciam: Noemí a entrevistara alguma vez, mas nada além disso. "'Você sabe que Victoria morreu?', me disse. Ela estava tão triste. Com o passar dos anos, me dei conta de que ali havia começado uma amizade, que falar comigo no dia da morte de sua irmã era um sinal de grande confiança." Ernesto Montequin conta que há muitas cartas de Silvina para Victoria que vão pontuando a relação. "Havia entre elas certa impetuosidade e alguma estranheza. Acho que não chegaram a se conhecer muito bem. Sempre houve uma relação posta à prova, como se nenhuma das duas permitisse à outra ser diferente. Há cartas em que Silvina faz apelos emocionais a ela. 'Eu sei que não sou importante para você', diz. Há uma carta muito bonita de Silvina, escrita pouco antes da morte de Victoria, não sei se Victoria chegou a lê-la, quando ela publica a *Ode Jubilaire* de Paul Claudel.[8] Não sei se a carta foi enviada ou não. Diz: 'Essa tradução prova o que eu te disse, que você era uma poeta'. E Silvina escreveu cartas a ela após sua morte, e não enviou muitas nas quais, inclusive, lhe pede conselhos."

Também lhe escreveu dois poemas. Os dois apareceram depois da morte de Victoria. O primeiro, no número da revista *Sur* em homenagem à sua fundadora, em janeiro-junho de 1980. Chama-se "El ramo":

Andará em busca de sua integridade
em busca daquela tarde conosco,
pobres de nós, sem nós mesmos
nos dias atuais, sob o sol

---

[8] [N. da T.] "Oda jubilar para el sexto centenario de la muerte de Dante", publicado na revista *Sur* em janeiro de 1979, em edição bilíngue, com tradução de Victoria Ocampo.

sob a lua, à beira-mar
com músicas que já não posso ouvir
sem dedicar-te lágrimas, Victoria,
cada uma com nomes diferentes
como as contas de um colar sem fim.⁹

O outro apareceu pela primeira vez na revista *Diario de poesía* em 1996, três anos após a morte de Silvina, e foi selecionado por Noemí Ulla quando editou *Poesía inédita y dispersa de Silvina Ocampo* em 2001. Chama-se "Como siempre" e é muito mais doloroso, muito mais ambíguo, muito mais triste. Depois de falar daquela babá da discórdia, do batismo, de Victoria como rainha e madrinha (brincando com *marraine* e *ma reine*, em francês), ela escreve à irmã morta:

Tenho duas gavetas cheias de cartas
que nunca te mandei.
Mas agora como um castigo
de não ter te mandado
as que podia mandar
não encontrei seu endereço...
Não o encontrei em lugar nenhum.
Estou falando sério.
E você me responderia
— Como sempre...

---

⁹ Andará en busca de su integridad/ en busca de esa tarde con nosotros,/ pobres nosotros, sin nosotros mismos/ en los actuales días, bajo el sol/ bajo la luna, en la orilla del mar/ con músicas que ya no puedo oír/ sin dedicarte lágrimas, Victoria,/ cada una con nombres diferentes/ como las cuentas de un collar sin fin.

Mas dessa vez, meu Deus,
eu não me ofenderia.
Também não tenho seu endereço agora.[10]

BROTAVAM CACHOS DE SANGUE

Victoria Ocampo foi severa naquela primeira resenha de *Viaje olvidado*, mas também foi estranhamente certeira. "Uma pessoa disfarçada de si mesma", ela diz sobre Silvina, e tem razão, porque os contos de *Viaje olvidado* são lembranças inventadas. Em seu texto de 1984, "Orden fantástico, orden social", o crítico e editor Enrique Pezzoni escreve: "Reinventar a lembrança permite que Silvina Ocampo reinvente sua própria identidade em cada uma de suas criações literárias, e essa autoimagem distorcida de Silvina que Victoria encontra nos contos da irmã a desconcerta e a leva a dizer que Silvina aparecia neles como um simulacro de si mesma". Em "Cielo de claraboyas", conto que abre o livro, uma menina assiste ao crime de outra; observa-o através das claraboias do teto da casa de sua tia; a assassina é uma pessoa mais velha, com botinhas pretas de governanta. "Devagarinho, foi se desenhando no vidro uma cabeça partida em duas, uma cabeça onde brotavam cachos de

---

[10] Tengo los cajones llenos de cartas/ que nunca te mandé./ Pero ahora como un castigo/ de no haberte mandado/ las que podía mandarte/ no encontré tu dirección.../ No la encontré en ninguna parte./ Te digo la verdad./ Y me contestarías/ – Como siempre.../ Pero esta vez, Dios mío,/ no me ofendería./ No tengo tu dirección ahora tampoco.

sangue presos com laços. A mancha ia ficando maior. De uma fissura no vidro, começaram a cair gordas e espessas gotas petrificadas como soldadinhos de chuva nos ladrilhos do pátio." Algumas das constantes na narrativa de Silvina Ocampo já aparecem: a guerra entre adultos e crianças, as casas – há uma verdadeira obsessão pelas casas em sua obra, a casa como último refúgio e também como o lugar que, quando se transforma em inimigo, é o mais perigoso de todos; o gosto pelo detalhe e aquela crueldade que costumavam atribuir a ela com furiosa insistência e que chamava sua atenção, talvez porque não lhe parecesse "crueldade", talvez porque lhe parecesse um jogo, um exagero.

Viaje olvidado tem contos de um ligeiro surrealismo; há uma influência bastante clara da pintura inclusive nos títulos, observação certeira de Noemí Ulla, que os considera "impressionistas" ("Paisaje de trapecios", "La siesta en el cedro", "El corredor ancho del sol", "Nocturno", "Los pies desnudos": de fato, parecem títulos de quadros). E há outros que são radicais, ferozes, absolutamente insanos – e ainda mais pela sua brevidade. Em "El retrato mal hecho" há um infanticídio: a criada mata o filho de sua patroa. E Eponina, a patroa, abraça-a com gratidão pois "detestava crianças, havia detestado cada um de seus filhos, à medida que iam nascendo". Quase toda a linguagem do conto é o palavrório banal e ao mesmo tempo preciso das revistas de moda femininas. Dura apenas uma página e meia. Outra chicotada é "La calle Sarandí", talvez o melhor conto, e o mais aterrorizante, de *Viaje olvidado*: relato de uma violação em primeira pessoa, quem conta é a menina vítima, e sua memória está arrasada, confusa. "O homem estava atrás de mim, a sombra projetada por ele crescia no chão, subia até o teto e terminava numa cabeça pequenininha envolta em teias de aranha. Não quis ver mais nada e me tranquei no quartinho escuro das minhas duas mãos." A memória também é o tema do conto do título, sobre uma menina que quer, inutilmente, recordar seu nascimento, seu parto.

Viaje olvidado recebeu outras resenhas além da de Victoria. Uma muito importante foi a de Macedonio Fernández, que lhe dedicou um texto extenso no último número da revista *Destiempo*, em dezembro de 1937. Para Macedonio, o livro, pela sua ductilidade e originalidade, representa uma arte que hesita, que não é sentenciosa, que é, portanto, "boa e genuína". Ao mesmo tempo, na revista *Nosotros*, o crítico Oscar Bietti exige "uma maior clareza na expressão"; está incomodado, assim como Victoria, com aquelas "frases com torcicolo". É que Silvina, que aprendeu inglês e francês muito antes do espanhol, usou nesse livro uma gramática estranha, como de principiante, mas que circunda esses contos com uma estranheza que os melhora.

Ainda, é claro, está buscando sua voz. E também a busca em outro terreno, o da poesia. Mas o que acontece com seus poemas é esquisitíssimo. Sua poesia é tão diferente – salvo exceções – de seus contos que parece ditada por outra personalidade, proveniente de uma mulher que é mais ordeira, menos despenteada, estranha porém correta. São muito sóbrios e rígidos, por exemplo, os poemas de *Enumeración de la patria* (1942), livro que inclui um poema fundacional que ela recitou certa vez a Bioy Casares quando os dois passeavam de carro. Ele, assombrado, adivinhou que os versos eram dela e lhe disse que era "uma grande poeta". Diz *Enumeración de la patria*:

> Oh, desmedido território nosso,
> violentíssimo e párvulo...
> Pátria vazia e grande, indefinida
> como um país distante, interrompida
> pela chegada lenta dos vagões,
> com jubilosa espera nas estações.[11]

Borges adorava esse livro. Escreveu em sua resenha, na revista *Sur*: "Nenhum outro texto de nossa literatura já secular transcende com igual plenitude a imediata, infinita presença da República". *Espacios métricos*, seu livro seguinte de poemas, que apareceu em 1945 – anos mais tarde, ela abominaria o título –, é dedicado a Bioy e ganhou o Prêmio Municipal de Poesia. É um livro estranho, de poemas eruditos que citam Burton, John Donne, Garcilaso, Cícero, Valéry, a Bíblia, o mundo grego, Milton, Voltaire. É, claramente, influenciado por Borges.

---

[11] Oh, desmedido territorio nuestro,/ violentísimo y párvulo.../ Patria vacía y grande, indefinida/ como un país lejano, interrumpida/ por la llegada lenta de los trenes,/ con jubilosa espera en los andenes.

Silvina Ocampo escreveu poesia a vida inteira, e sempre foi uma poeta comedida. Foi muito menos arriscada como poeta do que como prosadora. Em 1949, com *Poemas de amor desesperado*, inaugurou uma poesia amorosa que, em "Sonetos de amor desesperado", por exemplo, concebe uma ética do amor que é impossível não considerar autobiográfica:

> Quero amar-te e não amar-te como te amo;
> ser tão impessoal como as rosas;
> como a árvore com ramas luminosas
> não exigir nunca as ditas que hoje reclamo;
> afastar-me, perder-me, abandonar-te,
> com minha infidelidade recuperar-te.[12]

Depois, escreve uma infinidade de poemas para as árvores, o mar, a natureza, com títulos eloquentes: "La cascada", "El aguaribay", "La llanura", "El lebrel", "El río" e "Las rosas"; ou, em *Los nombres*, poemário de 1953, "Imprecación al mar", "Las hojas", "Elogios y lamentos del verano". Em *Los nombres*, também dedica misteriosos poemas a GGV (Genca García Victorica?) e ao escritor e um de seus melhores amigos J. R. Wilcock. Belos e pouco reveladores. O melhor poema de *Los nombres* é dedicado a Adolfo Bioy Casares, e é uma declaração de princípios.

---

[12] Quiero amarte y no amarte como te amo;/ ser tan impersonal como las rosas;/ como el árbol con ramas luminosas/ no exigir nunca dichas que hoy reclamo;/ alejarme, perderme, abandonarte,/ con mi infidelidad recuperarte.

Chama-se "Sonetos a la imaginación":

Em suas efêmeras e abertas mãos
lhe entregarei, lhe entrego, o coração,
que é de cristal e de adivinhação.
Segui-la-ei até o fim dos verãos,
segui-la-ei pelas longas galerias,
com a beleza e o horror como guias.[13]

EU O ODIEI POR CAUSA DE UM CACHORRO

Jorge Luis Borges acompanhou a vida de Silvina Ocampo quase diariamente, desde meados dos anos 1930. Quando não estavam viajando – Borges em suas turnês, os Bioy em suas férias prolongadas –, viam-se todos os dias, certamente todas as noites. No entanto, era uma amizade que mais parecia uma relação familiar: não havia intimidade entre eles, não havia cumplicidade brincalhona nem afinidades empolgantes. Mas a amizade era sólida, carinhosa.

O verdadeiro amigo de Borges era, claro, Adolfo Bioy Casares. Eram, além disso, parceiros literários: não só escreviam juntos como fuxicavam juntos, liam-se mutuamente, liam outros autores, riam até de madrugada de suas piadas espirituosas, até mesmo conspiravam.

---

[13] En sus efímeras y abiertas manos/ le entregaré, le entrego, el corazón,/ que es de cristal y de adivinación./ La seguiré hasta el fin de los veranos,/ la seguiré por las largas galerías,/ con la belleza y el horror por guías.

Porque, no projeto de Borges de ocupar o lugar central da literatura argentina, então ocupado por correntes, estilos e tendências de que, por motivos diversos, ele não gostava, Bioy e Silvina eram importantíssimos.

Não que a amizade fosse apenas utilitária. O afeto sincero, inclusive a dependência, são absolutamente evidentes naquele monstro de três cabeças formado por Borges, Silvina e Bioy. A primeira ficção borgiana, "Pierre Menard, autor do Quixote", aparece em 1939 no nº 56 da revista *Sur*. É um conto que bagunça para sempre a literatura argentina, que a deixa de ponta-cabeça. E é dedicado a Silvina Ocampo.

Silvina deu várias versões de como ou quando conheceu Borges. Uma primeira versão desse encontro é particularmente vaga: "Parece que o conheço desde sempre, como acontece com aquilo que amamos. Ele tinha bigode e grandes olhos surpresos. Faz tempo que o conheço, mas faz muito mais tempo que o amo. Jantar com Borges é um dos hábitos mais agradáveis da minha vida. Me permite acreditar que o conheço melhor do que meus outros amigos, porque a hora da janta é principalmente a hora da conversa". Para Noemí Ulla, deu outra versão, mais precisa: "Não estamos de acordo sobre como nos conhecemos. Ele se lembra de uma coisa e eu de outra. É que você não conhece as pessoas na primeira vez que as vê, às vezes não presta atenção nelas. Quando você repara numa pessoa, só então a conhece. Reparei em Borges na casa do Alfonso Reyes, quando me pediram para fazer um retrato dele para um livreto, um desenho. Ele já era conhecido mas não dava conferências, não falava em público, morria de vergonha. Acho que eu ainda não tinha publicado. Ele era muito tímido e inspirava mais timidez ainda. Imediatamente sentimos enorme simpatia".

É desses jantares que há registros, pois costumava haver testemunhas. Borges, Bioy e Silvina comeram juntos na maioria das noites de suas vidas. As refeições eram em Rincón Viejo, na Villa Silvina – a casa de veraneio dos Bioy em Mar del Plata – ou no apartamento da rua Posadas, porém, sempre iguais: uma conversa que se estendia e que eventualmente se transformava em um diálogo entre Borges e Bioy, do qual Silvina se retirava, ou que continuava em outra parte da casa, apenas entre os dois. Silvina, contam, os ouvia rir, se divertir, e comentava com quem estivesse com ela: "Do que será que esses idiotas estão rindo?". Alguns acreditam que ela ficava de fora e isso a magoava. Outros, que ficar de fora era um alívio, pois não compartilhava do humor de seu marido e seu amigo.

Houve muitos convidados a essas refeições, alguns assíduos, outros esporádicos. O poeta e escritor Juan José Hernández, que morreu em 2007, não tinha lembranças muito agradáveis daqueles jantares. No documentário *Las dependencias*, conta: "Ela parecia assentir nas conversas à mesa, onde se falava de literatura. Borges era muito gozador, muito arbitrário. Uma vez, disse que Saint-John Perse era um tolo, e ela, para meu estupor, pois nunca falava nada, disse: 'Que absurdo, eu acho que ele foi um grande poeta'". O tradutor e ensaísta Eduardo Paz Leston também estava entre os convidados habituais. Em um artigo de 2007 para o jornal *La Gaceta*, escreveu: "Na casa dos Bioy comia-se tarde quando comecei a frequentá-los, lá pelas dez, dez e meia da noite. A mesa era pequena e não cabiam confortavelmente mais do que quatro pessoas. Assim que começavam a comer, os donos da casa falavam muito pouco. Bioy limitava-se a fazer uma pergunta para Borges; Silvina Ocampo ficava em silêncio, um pouco por higiene (para que o ar não entrasse na boca, dizia) e outro pouco por conveniência. Borges falava sem parar. Desconfio que não gostava da comida, quase sempre a mesma. Ele podia ser muito engraçado contando com fingida admiração histórias sobre amigas suas por quem estivera apaixonado. Talvez fizesse isso por despeito – era rancoroso –, mas também porque era fascinado pela tolice infinita de certas mulheres. Algumas delas eram escritoras cuja escassa obra não justificava suas pretensões. Também influenciava nisso a misoginia de Borges, que não admirava incondicionalmente nenhuma escritora. Nem Virginia Woolf se salvava".

Bioy Casares, o mais próximo, menos objetivo e ao mesmo tempo mais autorizado, tem sua própria opinião sobre a que se referia Silvina quando dizia "Do que será que esses idiotas estão rindo?". Em *Las dependencias*, explica: "Ela sempre entrava e saía com essa de 'idiotas, do que estão rindo?'. Mas não era agressivo, era uma espécie de comentário brincalhão. Não acho que houvesse ciúme. Estávamos comendo e discutindo um argumento e ela intervinha, colaborava, não estava excluída. Acho que Borges gostava muitíssimo dela e que realmente admirava Silvina". Embora Silvina não falasse muito durante as refeições nem participasse dos duelos de genialidade entre seu marido e Borges, quando dava sua opinião geralmente era para defender os escritores de que gostava. Bioy registra isso em seus diários de modo bastante seco. No dia 2 de novembro de 1963, ele e Borges estão falando mal de Proust. Silvina "fica muito brava". 27 de julho, 1963: "Borges conta que ouviu no fonógrafo poemas de Verlaine com música de Debussy declamados em voz alta por uma mulher e que a experiência foi intensamente desagradável. Silvina se irrita e o acusa de ser um papagaio, repetindo o que eu digo... Silvina nega a qualidade de poeta maior a Stevenson, a Chesterton. Borges: 'Quem é um poeta maior?'. Silvina: 'Wordsworth'". 29 de setembro de 1975: "Borges: 'A fama de Baudelaire? Cair no gosto da cafonice. Que triste encher a literatura de almofadas e móveis e mostrar a maldade como meritória. Baudelaire é a pedra de toque para saber se uma pessoa entende algo de poesia, para saber se uma pessoa é imbecil. Se admira Baudelaire, é imbecil'. Silvina protesta". 31 de julho, 1971: "Borges: 'Talvez Proust tivesse uma memória ruim. Quem sabe precisasse consultar parentes que se lembravam das coisas melhor do que ele. Sua habilidade literária lhe permitiu fazer acreditar que tudo o que estava contando eram lembranças; deu a seu tema o encanto da memória'. Bioy: 'Você diz que em Proust a memória é um gênero literário, como a aventura é para outros'. Silvina ficou muito brava". O livro *Borges* de Bioy registra indiretamente a relação com Silvina e as conversas madrugada afora. Mas também registra a vida cotidiana, as miudezas e as generosidades da amizade, a companhia, o apoio, as discussões, as opiniões fortes; até mesmo a intimidade. A doença ocular de Borges, que o deixaria cego, aparece no diário. E Silvina, durante o processo de degeneração, nas cirurgias, é uma protagonista ativa, uma amiga preocupada, interessada, que está ciente e quer ajudar. Entrada de 26 de janeiro de 1953: "Silvina me informa que os exames de Borges revelam que as lesões vão mal e é preciso operar o quanto antes. Também me diz que a mãe de Borges me telefonou há pouco, desesperada". A relação fracassada de Borges com a escritora María Esther Vázquez ocupa várias entradas do verão de 1964, que o casal passou na Villa Silvina, em Mar del Plata. Silvina se mostra naturalmente casamenteira, curiosa, disposta a ser confidente mas também implicante, maliciosa, irritada. Entrada do dia 20 de fevereiro: "Silvina me diz: 'Com certeza vamos ter casamento. Em breve vamos ter casamento. Em maio vamos ter casamento'". Seus temores: "Ele está apaixonado demais, dependente demais. E não toma banho. Antes tinha alguma vaidade. Agora, tem tanta certeza de sua glória que sai com o calção de banho aberto e tudo para fora. Com o zíper, aconteceu uma situação desagradável. Você está com tudo à mostra, eu disse a ele. Ah, caramba, respondeu sem se abalar. Não conseguia fechar. Foi preciso oferecer ajuda: eu, María Esther. Ele não ligava para nada. Está um tanto convencido, um tanto orgulhoso... Mesmo que dure quinze dias, o casamento lhe convém: trará muita publicidade a ele. Uma mulher 30 anos mais nova e que pode passar por bonita. Todos os jornais vão comentar. Ela faz planos: viver na Biblioteca, uma viagem ao Peru, ir à Espanha conosco. Incentivei-a como pude: que ela vai ajudá-lo a construir uma grande obra, que eles terão uma vida maravilhosa. E a viagem à Espanha, conosco. Me dava pena, coitada. Parece uma dama de companhia. E você viu a cafonice dos ombros dela? Viu como são levemente encolhidos? Para ela, é um *mariage de raison*". Há, também, pequenos fragmentos de insuportável intimidade. Por exemplo, a entrada do dia 21 de fevereiro de 1964, em Mar del Plata. "Quando volto do mar para a barraca, Silvina e Borges estão conversando. Silvina, atrás da lona, na divisória para se vestir; Borges, no meio da barraca, à vista da praia inteira, com uma camiseta (dessas chamadas de regatas) e sem calção nem cueca. 'Você está pelado', digo a ele, arrastando-o para trás da lona. 'Ah, caramba', comenta com neutralidade. 'Como ele não enxerga', comenta Silvina mais tarde, 'é como se estivesse de máscara.'" Mas não só essa intimidade explícita: também a solidão devastadora de uma vida juntos, as banalidades que fazem do outro uma rotina indispensável. Os natais e a noite de Ano Novo, por exemplo. Entrada do dia 31 de dezembro de 1962: "Jantamos com um calor horroroso, três pessoas, o grupo que vai restando (o grupo de cada um vai diminuindo e mudando ao longo da vida): Silvina, Borges e eu. Depois, Borges e eu esperamos o novo ano ao lado da janela". Os presentes de aniversário: Borges dá a Silvina um avental ou uma biografia de Henry James; ela lhe dá estojos de plástico, alfinetes de ouro para a gravata. E, claro, as diferenças e discussões, que vão se intensificando com os anos. 12 de dezembro de 1959: "Silvina está zangada porque Borges não gostou do seu livro, não disse uma palavra a respeito. Ainda bem que existe o precedente do meu livro: ele também não gostou e também não disse nada". 21 de novembro de 1977: "Hoje Silvina nos oferece uma comida horrorosa. Borges discute com ela, um tanto mal-humorado pela comida". E a entrada de 9 de janeiro de 1982, que confirma o distanciamento paulatino de Borges e Silvina – e sua eventual retomada de contato quando ele decide ajudá-la com a tradução de seus contos e de poemas de Emily Dickinson: "Borges janta em casa, agora ele vem quase todas as noites. Silvina sempre arranjava motivos para não deixar que ele viesse. Eu lamentava, porque passamos bons momentos com ele, porque costuma estar muito só e porque sempre está com algum trabalho por fazer, como a tradução de *Macbeth*. Silvina me dizia: 'Hoje não, porque estou muito cansada. Hoje não, porque estou com dor de estômago. Hoje não, porque não consigo ninguém para acompanhá-lo do carro até a casa dele no sexto andar. Hoje não, porque é sexta ou sábado e tem muito trânsito. Hoje não, porque não sei se alguém virá trabalhar amanhã e não quero acumular talheres e pratos sujos na pia'. Eu assentia e assim passaram meses, anos; ela realmente nos separou, como se houvesse alguma briga entre nós. Agora Borges se ofereceu para corrigir a tradução de seus contos ao inglês e janta em casa todos os dias".

Quando eram jovens, Silvina e Borges caminhavam juntos pelos bairros de Buenos Aires. Ele dizia a ela: "Essa noite temos que nos perder". Chegavam até a ponte de Constitución, ao sul; naquele bairro, Silvina ambientou um de seus melhores contos, "A casa de açúcar". Ela contava: "Durante anos nós passeamos por um dos lugares mais sujos e lúgubres de Buenos Aires: a ponte Alsina. Caminhávamos pelas ruas cheias de barro e de pedras. Ali, levávamos escritores amigos. Não havia nada no mundo como aquela ponte. Às vezes, como uma espécie de sonho, logo que cruzávamos a ponte, encontrávamos pelo caminho cavalos, vacas perdidas, como num campo distante. 'Aqui está a ponte Alsina', dizia Borges quando nos aproximávamos dos escombros, do lixo e da pestilência da água". Por que Silvina se lembraria particularmente desses passeios por bairros na época quase suburbanos, distantes, tristes? Talvez por ser o momento em que ela e Borges compartilhavam aquela sensibilidade limite, quando houve um vislumbre de cumplicidade. Quando ela o sentiu mais próximo.

Em 12 de maio de 1986, segundo Bioy anota em seu diário, Silvina teve sua última conversa com Borges, por telefone: "Lá pelas nove horas, quando íamos tomar o café da manhã, o telefone tocou. Silvina atendeu. Logo entendi que ela falava com María Kodama. Silvina perguntou quando voltariam; María não respondeu à pergunta. Silvina também falou com Borges e tornou a perguntar quando voltariam. Passou o telefone para mim e falei com María. Dei notícias de pouca importância sobre direitos autorais (uma gentileza para não falar de assuntos patéticos). Ela me contou que Borges não estava muito bem, que ouvia mal e que eu falasse com ele em voz alta. A voz de Borges surgiu e perguntei como ele estava. 'Razoável', respondeu. 'Estou querendo te ver', eu disse. Com uma voz estranha, me respondeu: 'Nunca mais vou voltar'. A ligação caiu. Silvina me disse: 'Estava chorando'. Acho que sim. Acho que ele telefonou para se despedir".

Silvina escreveu dois poemas a Borges. O primeiro, de 1973, apareceu no *La Nación*. Chama-se "Homenaje a Jorge Luis Borges". O segundo foi publicado em uma edição dedicada a Borges, lançada pelo Banco de Boston em 1987, um ano após a morte do escritor. É um poema muito mais simples, sem tigres, nem De Quincey, nem conversas, nem citações, nem idiomas, nem rosas. É um poema afetuoso e compassivo. Chama-se "Hablo con Borges":

Te farei um colar de lágrimas alegres
e em cada pedra a fidelidade.
Por que alegres? Você teria perguntado
e eu, seguindo tuas palavras, digo
com um sorriso: para ser cafona.

... Não morrerá o adeus que você me disse,
e nem "Silvina não me esqueça"
nem morrerá meu "nunca esquecerei".[14]

---

[14] Te haré un collar de lágrimas alegres/ y en cada piedra la fidelidad./ ¿Por qué alegres? Hubieras preguntando/ y yo, siguiendo tus palabras, digo/ para ser cursi, con una sonrisa./ ... No morirá el adiós que me dijiste,/ ni tampoco «Silvina no me olvides»/ ni morirá mi «nunca olvidaré».

Numa noite de 1956, quando Silvina pediu a Bioy que lhe trouxesse seu casaco, pois iria sair, Borges a cumprimentou dizendo *Au réservoir*, uma bobagem, uma piada sobre uma variação de *Au revoir*. Depois a usariam como cumprimento-senha, e seria inclusive o código para que Borges entendesse que ela lhe pedia para ir embora, pois estava cansada. Mas, naquela noite do casaco, espontaneamente, Bioy conta que Borges olhou para Silvina e disse: "Você é uma das melhores pessoas que existem".

"Suspeito que, para Silvina Ocampo, Silvina Ocampo é uma das tantas pessoas com quem ela deve se relacionar durante sua residência na terra", escreveu Borges sobre Silvina.

A IMAGINAÇÃO RACIONAL

Silvina Ocampo tinha quarenta e cinco anos quando publicou seu segundo livro de contos, *Autobiografia de Irene*, em 1948. Se o livro de estreia, *Viaje olvidado*, tinha quase trinta contos, este surpreende pela sua concisão: são apenas cinco, e um deles, "El impostor", pode ser considerado uma novela. Mas o mais surpreendente é a diferença formal com relação àqueles contos livres, um tanto insanos. Embora *Autobiografia de Irene* traga, inconfundivelmente, as marcas de suas obsessões – o tema do duplo, a crueldade, a premonição – trata-se de contos acabados, cerebrais. Em seu livro *Invenciones a dos voces,* Noemí Ulla escreve: "Em *Autobiografia de Irene,* a sintaxe da narração, o léxico culto, a erudição das citações e referências, a frequência das séries enumerativas, a incerteza se o que acontece com o personagem é um sonho ou uma história, a busca poética pelo artifício, a exigência de colaboração do leitor ao fazê-lo escolher entre vários finais possíveis constituem a renovação do modelo narrativo borgiano. No entanto, ela se distancia, criando um universo onde o feminino parece dominar". É verdade, este livro está cheio de mulheres: a esposa infiel de Claudio Emilio, cidadão da Roma antiga, presa e dada como morta, em "Epitafio romano", um conto de ecos obviamente borgianos. A chinesa de "La red" que, na praia, espeta uma borboleta com um alfinete; uma borboleta que voltará para espetá-lo em seus olhos; Irene, a garota que experimenta os acontecimentos antecipadamente, que faz mais do que conhecer o futuro, ela o vivencia: "Para aqueles que recordam, o tempo não é longo demais. Para aqueles que esperam, é inexorável"; o final do conto, circular, é de uma perfeição formal que Borges teria admirado. A peça central, "El impostor", um de seus relatos de maior sucesso – foi levado ao cinema em 1997, com direção de Alejandro Maci –, é, no entanto, um mundo de homens. E é um relato claustrofóbico, onírico: Sebastián Heredia é um jovem da alta burguesia que se isola por vontade própria na fazenda decadente da família, no pampa. Seu pai manda um espião, Juan Medina, para informá-lo sobre os movimentos do herdeiro, emocionalmente desequilibrado, talvez suicida. Há uma mulher entre eles, uma mulher fantasmagórica, María Gismondi. O conto todo é espectral, uma história sobre fantasmas, sobre a loucura. É, pelo cenário e pelo tema – o duplo –, um conto borgiano, mas apenas superficialmente: Borges não se permitia essa estranheza, esses jogos de espelhos quebrados, nem a descrição de tão vastas solidões.

Mas *Autobiografia de Irene* é, sem dúvida, um livro influenciado não só por Borges, como também pelos debates literários que se davam no seio da revista *Sur* e aos quais Silvina Ocampo não era alheia, embora, como quase tudo em sua vida, preferisse ficar na sombra. Atrás de uma cortina porém alerta, escutando, absorvendo tudo. Consultada sobre a diferença tão importante de estilo, de tom e de temas entre *Viaje olvidado* e este segundo livro, a crítica Judith Podlubne diz: "Silvina não participa explicitamente dos debates estéticos da revista. Entretanto, não diria por isso que seu lugar no mundo da *Sur* fosse uma posição 'passiva'. Não mesmo. Nesse sentido, *Autobiografia de Irene*, seu segundo livro de contos, é um testemunho evidente da atenção exigida a Silvina sobre aquilo que está acontecendo ao seu redor, na *Sur*. Acho que os contos deste livro são uma resposta às demandas do momento, que ela recebe a partir da revista. Uma resposta que desvia e debilita a força que move sua literatura no início. Victoria a desafia a 'escrever bem' – este é o valor, muito discutido, que rege a escrita literária para a *Sur* – e ela assente a essa demanda. Responde com uma linguagem literária convencional e trabalhada, treinada nos livros de poemas que ela escreve ao longo de uma década, uma linguagem na qual substitui as anomalias sintáticas, tão extraordinárias, de *Viaje olvidado*. São contos que revelam o audacioso e (nestes termos) bem-sucedido esforço que Ocampo empreende para responder aos ditames linguísticos e literários instituídos pela *Sur*, que não são, obviamente, apenas os ditames impostos por sua irmã, mas também os que Victoria mesma compartilha com uma ampla maioria dos membros da revista, entre eles alguns dos mais próximos de Silvina, como Bianco e o próprio Bioy. *Autobiografia de Irene* responde tanto ao imperativo de 'escrever bem' como ao de 'construir bem'".

A busca narrativa de Ocampo se identifica, neste ponto, com a ideia bioycasareana de que a literatura é um objeto artificial, um sistema de convenções que o bom escritor deve dominar com eficácia, e adere provisoriamente à lógica compositiva que, para Bioy, distingue as "obras de imaginação racional". Levaria mais uma década para Silvina Ocampo encontrar os contos que estava buscando, contos capazes de mesclar elegância e excesso, distanciamento e intensidade, aquela crueldade inocente.

ELA VÊ COISAS QUE NEM O DIABO VÊ

Outra faceta do mito Silvina é sua condição de bruxa, vidente, maga. Desde criança ela adivinhava, previa, *sabia*. Uma vez, viu uma mancha de sangue nos trilhos do trem, perto da sua casa de San Isidro, e o contou à sua babá e às empregadas da mansão, que, assustadas, comentaram: "Ela vê coisas que nem o diabo vê". Silvina tomou nota e sempre se lembrou dessa frase. Como estavam pintando uma casa de vermelho, poderia ser, com efeito, uma mancha de tinta, e isso a tranquilizou. Mas depois aconteceu ali um acidente de verdade: um garoto ficou com uma das pernas presa debaixo do bonde. E Silvina se convenceu de suas habilidades. Ou, pelo menos, acrescentou-as à construção de sua personagem. Conta Jovita Iglesias em *Los Bioy* (Tusquets, 2002): "Outro dia, voltando de Mar del Plata e a caminho de Pardo em dois carros, como sempre, eles na frente no Ford Fairlane de Bioy e nós atrás no Falcon de Silvina, paramos para almoçar. Logo em seguida Silvina disse que um tornado se aproximava. Diante de nossa incredulidade, insistiu: 'É verdade, vocês vão ver'. Terminamos de comer e empreendemos viagem novamente. Pouco depois, ouvimos gritos de vacas e o céu desabou". É preciso esclarecer que eles viajavam em dois carros, mas Silvina nunca dirigiu. Jamais aprendeu, nunca quis. Aquele Falcon era dela, mas sempre quem dirigia era um motorista.

As premonições costumavam se manifestar para ela em Mar del Plata. Certa vez, tomando sol na areia, ouviu alguém pedir socorro no mar. Sentou-se e pensou ter visto pessoas aglomeradas na praia, perto da beira. Inquieta, foi procurar os guarda-vidas. Mas eles não tinham recebido nenhum alerta. Não muito convencida, Silvina voltou à sua canga e ao sol. Novamente ouviu os gritos, novamente foi até os guarda-vidas, que mais uma vez lhe asseguraram que estava tudo bem, meio em tom de deboche. Algumas horas depois, os guarda-vidas finalmente receberam aquele alerta. Mas, do mar, retiraram apenas o corpo de um afogado. Se ele gritou antes de morrer, Silvina o escutou, mas não com seus ouvidos.

Durante um tempo ela pôs em prática seu dom de clarividência e tirou cartas – não de tarô, mas de baralho espanhol –, porém, nenhum de seus amigos vivos se lembra de ter sido consultante da prática, nem dela com o baralho na mão. Sabe-se no entanto que esse período existiu: Bioy registrou-o brevemente e sem muitas explicações em seu diário *Descanso de caminantes*, na entrada de fevereiro de 1983: "Fernando liga para Silvina e diz que gostaria que ela tirasse cartas para ele hoje. Quando Silvina responde que não pode, que teriam que deixar para amanhã, Fernando se mostra francamente contrariado". Quem seria esse Fernando? O rastro da identidade por trás do nome se perdeu. A própria Silvina falou de sua arte para Hugo Beccacece numa entrevista: "Uma época, passei a tirar cartas. Eu havia aprendido tudo o que dizem os livros, estava convencida de que tinha dons. E eu tinha. A uma amiga que estava em bancarrota eu disse que, quando voltasse para casa, encontraria uma carta lhe oferecendo um emprego na Europa, e que lá ela encontraria o grande amor de sua vida. Tudo aconteceu como eu disse. Ela morou alguns anos na Europa com um homem que amou muito. Depois de um tempo, ela veio me visitar e disse: 'Silvina, acho que minha sorte acabou. Tire as cartas de novo para mim'. Tirei e a sorte dela havia terminado. Para enfrentar o período que a esperava, lhe dei um ás de copas, que foi a primeira carta que ela havia tirado quando previ tanta felicidade. Nunca mais soube dela. Não perdi o dom, mas me cansei. Nas viagens de navio para a Europa eu passava o tempo tirando cartas e lendo mãos. Quando entrava no refeitório do navio, um bando de mulheres avançava em cima de mim, dizendo: 'Senhora, me diga o que é este traço, me disseram que anuncia algo terrível'. E às vezes era verdade. Ao sair do salão, eu deixava de um lado um rastro de vítimas e, do outro, os eleitos pela felicidade. Parecia a nau dos condenados. Minha fase de adivinha foi outra decepção: acabei ficando entediada. Sempre a mesma coisa: amantes que abandonavam seus amantes; fortunas que ruíam; outras que eram herdadas; mortes, nascimentos, traições. No fim, eu já tinha tanta prática que me afastava daquilo que os livros diziam e falava o que me vinha à mente. Eu confiava nos meus poderes".

Certamente tinha uma aura de profetisa. Seus amigos sentiam isso, escreviam a respeito. J. R. Wilcock, com quem Silvina escreveu uma peça de teatro, *Los traidores*, em 1956, apontou: "Borges representava o gênio total, ocioso e preguiçoso; Bioy Casares, a inteligência ativa; Silvina Ocampo era entre os dois a sibila, a maga que lhes recordava em cada movimento e em cada palavra (dela) a singularidade e o mistério do universo". O próprio Borges atesta seu dom de vidência: "Ela nos vê como se estivéssemos em um copo de vidro. Provar a ilusão é inútil... Silvina Ocampo possui uma virtude comumente atribuída aos Antigos dos povos orientais e não a nossos contemporâneos. Esta é sua clarividência: mais de uma vez, e não sem uma leve apreensão, senti isso nela".

NINGUÉM SABE COMO ME ESFORCEI
PARA IMAGINÁ-LA BONITA

Ela não gostava que a fotografassem, e no entanto há muitas fotos suas. Bem jovem, sentada numa cadeira de vime, com um colar de pérolas, os cabelos – a divisão para o lado, que usaria até o fim –, os olhos muito claros: lindíssima. Tão linda como numa foto de 1925, no jardim da Villa Ocampo: tem pouco mais de vinte anos, está deitada na grama e cobre o nariz e a boca com os cabelos, que ela usa muito compridos. Nas fotos posteriores se vê melhor seu corpo: as pernas, lendárias, de estrela de cinema mudo; as curvas marcadas por suéteres justos e maiôs. E, por volta dos anos quarenta, já os óculos de armação branca, como os de sua irmã Victoria, que vão lhe dando cada vez mais o visual icônico da Silvina Ocampo retratada por Sara Facio e Pepe Fernández, e também por Bioy, para quem posava com reticência. Silvina ícone: de roupa masculina, com as camisas do marido, as alpargatas e calças pantalonas, poucas joias, algumas pulseiras enroladas no pulso, uma gargantilha que, dizem, não tirava nunca, nem para tomar banho.

Quem se lembra dela já não se lembra de uma mulher bonita, mas ela era. Tinha sido.

Ernesto Schoo não esquecia uma foto de Silvina jovem, na casa de seu amigo em comum, J. R. Wilcock: "Ela era fabulosa. Todo mundo diz que a beldade era Victoria, e Victoria era imponente, mas Silvina teve sua beleza também".

Silvina se achava feia, diz Hugo Beccacece. E escreve em 2011, no suplemento *ADN Cultura* do jornal *La Nación*: "Ela reclamava da boca, que, com o passar dos anos, achava que havia se tornado obscena. Seus amigos José Bianco e Enrique Pezzoni, quando falavam reservadamente sobre a 'feiura' de Silvina, diziam que, pelo contrário, ela era muito atraente. E diziam isso porque em diversas ocasiões haviam sido enfeitiçados. Era verdade que Silvina podia ser atraente de um modo irresistível, mas tivera o azar de nascer em uma família com mulheres de uma beleza mais convencional, quase clássica, como a de sua irmã Victoria. No entanto, bastava vê-la se mover e, principalmente, pôr em prática seus jogos de sedução, nos quais misturavam-se a graça, o dom da réplica, o lirismo, as associações delirantes e a atenção dedicada com que ouvia sua futura presa, como se não houvesse nada mais importante no mundo do que a pessoa à sua frente, para entender que devia ser difícil escapar daquelas redes se ela decidisse jogá-las ao mar. Além disso, era de uma delicadeza extrema. Aquela mulher devia acariciar com uma suavidade e precisão inesquecíveis".

Fazia com todos esse jogo sedutor, e todos caíam nele. Como seria o ar ao redor de Silvina, como seria seu feitiço? Edgardo Cozarinsky conta: "Quando a conheci, ela tinha cinquenta e oito anos, eu tinha vinte e dois. Ainda hoje é difícil descrever o impacto que senti: nunca havia conhecido uma mulher parecida com ela, nem remotamente. Não me refiro apenas à sua natureza indomável. Seu rosto – ela costumava dizer para si com timidez ou reserva – 'não era tradicionalmente bonito', mas suas pernas eram espetaculares e ela sabia exibi--las, cruzando-as com frequência na poltrona onde se sentava. Sua dicção trêmula, titubeante, rapidamente se impunha como o único instrumento possível para articular os absurdos que ela expressava sem ênfase, com um humor hesitante entre o *faux naif* e o marotamente perverso. Costumava botar um jasmim na primeira casa de botão aberto da sua blusa ou vestido; aquela flor anunciava o perfume que ela usava".

Elena Ivulich, sua secretária durante cinquenta anos, dizia em *Las dependencias* que ela tinha pernas "como Marlene Dietrich". Repetia o comentário de todos: Jovita recorda que ela não gostava das fotos em que saía com cara de boazinha, "essa cara é de boba", dizia. "Ela não ia a nenhum evento, nenhuma festa", diz Jovita em *Las dependencias*. "Convidavam Adolfito e ela dizia: 'como é que eu vou junto? Ele é tão bonito e eu vou enfeá-lo'. Eu lhe falava: 'a senhora é linda'. E ela: 'você quer me ver linda, mas eu sou horrível'. Mas eu sempre a achei bonita, e ela era bonita. Mas não consegui tirar esse complexo dela."

María Moreno lembra que ela se sentava na posição de lótus, usava capa de chuva dentro de casa e saía para a rua sem bolsa. Jorge Torres Zavaleta ainda ri das meias-soquete listradas de cinza e preto que ela usava sem nenhum pudor. No começo, quando apareceram seus primeiros grisalhos, ela tingia o cabelo de um loiro opaco. Depois deixou-o cinzento e, mais tarde, branco. E comprido. Poucas mulheres se atrevem a essa naturalidade – ou a essa falta de vaidade.

Há duas fotografias lendárias e em ambas ela esconde o rosto. A primeira foi tirada em seu escritório por Sara Facio – a fotógrafa argentina que fez retratos icônicos de muitos escritores, incluindo a imagem célebre de Julio Cortázar com o cigarro na boca. Silvina não se deixava retratar: teve que persegui-la até debaixo dos móveis. O vestido preto curto deixa ver suas fantásticas pernas.

Nessa foto, ela estende a mão para a câmera e tapa completamente o rosto. Está descalça e cobre a barriga com um braço. Não é um gesto de rejeição, nem mesmo de proteção: a mão simplesmente cobre o rosto, como se detivesse a câmera. Sara Facio se lembra daquela sessão: "Ela se opôs terminantemente a ser retratada. Era fotógrafa amadora, de modo que não se incomodou quando viu que eu clicava quase sem focar, sabia que as imagens não sairiam naquelas condições: luz limitada e falta de precisão. Ela só não contava com minha habilidade no uso da Leica. As fotos estão aí. Não são especialmente memoráveis e na verdade nunca as usei, mas dão uma ideia da sua naturalidade e simpatia quando não posava".

A outra fotografia lendária foi tirada por Pepe Fernández, seu amigo, e é mais violenta: Silvina usa as duas mãos para cobrir o rosto, e a câmera está muito mais perto, é um plano mais fechado, não dá para ver seu corpo, apenas adivinham-se os óculos brancos, que assomam pontiagudos. Nessa foto sim ela parece estar dizendo: chega, chega.

Em 1972, em seu livro *Amarillo celeste* (Losada), escreveu sobre seu rosto no poema "La cara apócrifa":

Ninguém sabe como me esforcei para imaginá-la bonita
(...). Corrigi-a em vão, minuciosamente
unindo as sobrancelhas
adicionando lágrimas
enfeitando-a com um leve sorriso
mostrando a língua para deixá-la graciosa
mordendo os lábios para deixá-la cruel

afastando-a inclinada para deixá-la misteriosa.
Então, só então,
acreditava encontrar a mais adequada
a cara de Bindo Altoviti
(e daí que fosse um homem, parecia um anjo!)
(...).
Não quero mais fotografias dessa cara
que não é a mesma cara que estava no reflexo de uma xícara
nem na vidraça, nem na faca, nem no poço,
nem mesmo no espelho.[15]

Adolfo Bioy Casares dizia que aquela cara era "inconfundivelmente Ocampo": "Tinha olhos azuis, não era muito zelosa no vestir. E eu acho que tinha muito charme".

E COMO NÃO VAI ESTAR MORTA, COM ESTE DIA?

Em 1959, publicou *A fúria*,[16] reconhecido como o mais "ocampiano" dos seus livros de contos, o livro no qual encontrou aquela voz única, em que delineou mais

---

[15] Nadie sabe cuánto me esforcé por imaginarla preciosa/ (...). La corregí en vano, minuciosamente/ juntándole las cejas/ agregándole lágrimas/ adornándola con levísima sonrisa/ tirándole la lengua para volverla graciosa/ mordiéndole los labios para volverla cruel/ alejándola inclinada para volverla misteriosa./ Entonces, solo entonces,/ creía encontrar la más conveniente/ la cara de Bindo Altoviti/ (qué importaba que fuera un varón si parecía un ángel!)/ (...)/ No quiero más fotografías de esa cara/ que no es la misma cara que estaba dentro de una cuchara/ ni en el vidrio, ni en el cuchillo, ni en el aljibe,/ ni siquiera en el espejo.

[16] [N. da T.] *A fúria e outros contos*, Companhia das Letras, 2019. Os trechos citados deste livro têm tradução de Livia Deorsola.

claramente seu universo. A doutora em Letras e pesquisadora Adriana Mancini define parte desse universo no livro *Escalas de pasión* (2003): "Tudo parece precário e frágil e arbitrário no universo desenhado por Silvina Ocampo. Os espaços definidos pela supersaturação de objetos *kitsch* são multiplicados por espelhos que, em muitos casos, se comunicam com o interior ilimitado dos personagens. Predominam as vozes femininas: preceptoras, cabeleireiras, costureiras, chapeleiras, empregadas; em geral, mulheres que trabalham com as mãos e cuja linguagem, infestada de estereótipos e clichês, reverbera em ambientes enfeitados com babados de plástico, colchas cor de rosa e imagens religiosas. Casinhas de açúcar, bonecas em almofadas brilhantes, caixinhas com laços de fita, mesas de aniversário com bolos caramelizados criam a atmosfera ideal para conseguir a tematização dos espaços textuais".

A fúria abre com o elegantíssimo e autobiográfico "A lebre dourada", quase uma fábula, uma cena de tapeçaria numa mansão de campo. Mas em seguida muda de tom drástica, brutalmente. "A continuação" é um conto narrado por uma escritora, uma espécie de carta ao marido; o tom é de raiva velada, de despeito, e logo se transforma em outra coisa, em um labirinto metatextual em que a escritora acaba vivendo na própria pele o argumento do conto que está escrevendo (no conto, é um homem). É a primeira vez que brinca com o gênero, trocando-o, embaralhando-o, homem, mulher, não se sabe. Também é a primeira vez que aparece um triângulo amoroso e a irrupção do ciúme como tema, como um de seus grandes temas: "Meu amor adquiriu os sintomas de uma loucura. Tinha eu razão em me afligir porque você de fato me enganou? Essas coisas a gente descobre quando é tarde demais, quando deixamos de ser nós mesmos. Eu te amava como se você me pertencesse, sem me lembrar de que ninguém pertence a ninguém, de que possuir algo, qualquer coisa, é um sofrimento vão". A mulher que poderia ser a amante se chama Elena, como a verdadeira amante de Bioy naqueles anos, Elena Garro. Conto de amor e loucura e desprezo, o jogo de identidades e de metatexto lembra Cortázar, sobretudo pela carga tão tensa, realista, daquele casal que ama odiar-se.[17]

Há mais contos fundamentais em *A fúria*: "A casa de açúcar" era um dos preferidos de Julio Cortázar, e é um dos clássicos de Silvina Ocampo. Trata-se de outro conto de casais e vidas alternadas, sobre a transformação da protagonista Cristina – mulher supersticiosa que vive resguardada pelo amor de seu marido e o aconchego da casinha *kitsch* onde vivem – em Violeta, antiga moradora da casa, mulher misteriosa que morre louca. A metamorfose de Cristina é lenta ("estou enfeitiçada", diz) porém inevitável. E a metamorfose, aliás, é outro tema favorito de Silvina. Em *A fúria* também estão alguns de seus contos mais cruéis: "A casa dos relógios", sobre um corcunda que tem sua corcova passada a ferro em uma tinturaria por um bando de bêbados, após uma festa; "O porão", sobre uma mulher, provavelmente uma

---

[17] [N. da T.] Referência a *Los que aman, odian*, título do único romance escrito a quatro mãos por Silvina Ocampo e Bioy Casares.

prostituta, que vive com ratos numa casa prestes a ser demolida. Mas, sobretudo, "Mimoso" e "As fotografias". Ambos, aliás, são contos de ouvido absoluto. É que Silvina Ocampo, ao contrário de Borges e Bioy, e mais próxima de Cortázar e Manuel Puig, incorporava em seus contos a fala coloquial rio-platense. Consultada sobre esse gesto pioneiro de introduzir o jeito de falar na literatura, Noemí Ulla conta: "Ao lado de Cortázar, foram os dois que iniciaram e assumiram uma língua mais sensível ao coloquial. O que acontece é que Cortázar era mais conhecido, então a atualização do idioma, a oralidade, foi atribuída a ele. Não se reparava muito em Silvina, porque ela não era tão lida".

Onde se metia essa mulher, com quem falava, para dominar com tanta ironia e precisão os lugares-comuns, a conversa irrefletida, a fala de uma classe social que não era a sua e com a qual pouco convivia na vida cotidiana? São essas vozes que suscitam um leve sorriso no conto "As fotografias" – tenebroso, por sinal. Há uma festa no quintal de uma casa de classe média baixa. É o dia do aniversário de Adriana, uma adolescente que ficou paralítica após um acidente e que acaba de sair do hospital. "Nós nos desvelamos para salvá-la", dizem. "Esta menina se debatia nos braços da morte." De tanta festa, de tanto excesso, de tanto a fazerem posar para fotografias e de tanto se desvelarem por ela, a matam. As descrições são insensíveis, de uma crueldade inocente, perversa:

"Na terceira fotografia, Adriana brandia a faca para cortar um bolo que tinha seu nome, a data de seu aniversário e a palavra FELICIDADE escritos com merengue rosado, salpicado de jujubas.

— Ela tinha que ficar de pé — disseram os convidados.

A tia objetou:

— E se os pés saírem mal?

— Não se preocupe — respondeu o amável Spirito — se não ficarem bem, depois eu corto".

E aquele final, inesquecível. Alguém adverte que a menina morreu, exausta. "Ela está morta", diz. E respondem: "E como não vai estar morta, com este dia?".

"Mimoso" é outro conto radical, dos mais radicais da literatura argentina. Borges o detestava: sempre pedia a Silvina que não o incluísse em suas antologias. Mimoso é um cachorro que sua dona ama de paixão e que, quando morre, manda embalsamá-lo. Há algo perverso, doentio nesse afeto pelo bicho de estimação ("Acariciou sua cabeça com a ponta dos dedos e quando achou que o marido não estava olhando, lhe deu um beijo furtivo"). O amor bestial da mulher pelo cachorro fica tão evidente que o casal recebe um bilhete anônimo: o marido, então, destrói o cachorro. Ela grita: "Você não pode me impedir de sonhar com ele". Erotismo *noir*, crime, humor: tudo chega ao limite em "Mimoso".

A relação entre classes é o tema de "O vestido de veludo": uma mulher rica que morre sufocada pelo vestido quando sua costureira o traz para experimentá-lo, enquanto uma menina, que veio com a costureira, repete sem parar: "Que divertido!". Os contos "A sibila" e "Magush" tratam de adivinhos e premonições; a infância maligna aparece em "A fúria" (a protagonista incendeia sua amiga de infância) e em "O casamento" (uma menina enfia uma aranha dentro do coque da vizinha, que vai se casar, e o veneno a mata); em "Voz ao telefone", é um menino que ateia fogo na própria mãe e nas amigas dela enquanto conversam sobre sutiãs e lingeries; em "A oração", uma mulher acolhe em casa um menino assassino que acaba de afogar seu colega numa poça de lama. Surgem mais e mais contos sobre seres meio humanos, meio animais ("Azeviche"), sobre amores obsessivos ("A paciente e o médico") e, em especial, o exagerado conto lésbico "Carta perdida em uma gaveta" ("Quanto tempo faz que não penso em outra coisa a não ser em você, imbecil?, você, que se intromete nas linhas do livro que leio, na música que escuto, dentro dos objetos que vejo?"). Há em *A fúria* uma certa acumulação que, a partir de agora, será um traço fundamental da prosa de Silvina Ocampo. A crítica e escritora Sylvia Molloy aponta em seu artigo "Para estar en el mundo: los cuentos de Silvina Ocampo": "Ouvi dizer que quando esvaziaram o apartamento da rua Posadas, aquele das paredes descascadas e grandes manchas de umidade, encontraram baús cheios de roupa e objetos trazidos da Europa, baús que nunca haviam sido abertos, passagens de viagens transatlânticas que nunca haviam sido usadas... Os títulos dos contos são como peças de um estranho inventário ou de um sótão onde acumulam-se coisas sem pé nem cabeça: as fotografias, a propriedade, o casamento, a pedra, os objetos, o nojo, as torneiras, a boneca, a rede. Os inventários de Silvina Ocampo inquietam porque misturam sem hierarquizar o alto e o baixo, o catastrófico e o banal, o prestigioso e o vulgar, em um plano democrático, por assim dizer. Fala-se muito de sua crueldade. Ao invés disso, gostaria de destacar sua simpatia, sua cumplicidade. Poucos como ela cultivaram o detalhe trivial com tanto êxito, atendo-se às pequenas manias, aos males mesquinhos, às cafonices do mundo".

A.B.C.: "THE REST IS LIES"

"Às vezes tenho a impressão de ter vivido um pouco distraído ao lado dela", escrevia Bioy sobre Silvina.

Em 1943, os Bioy se mudaram para o edifício da avenida Santa Fe, 2606, no bairro da Recoleta. O edifício inteiro, de dez andares, era propriedade da família Ocampo. No primeiro andar havia uma piscina de natação onde Silvina fazia aulas com um professor particular, e também ficava seu ateliê. Bioy ia todos os dias jogar tênis no Buenos Aires Lawn Tennis Club. O casal ocupava cinco andares do prédio, do sexto ao décimo, onde ficavam o terraço de grama inglesa, árvores anãs e redes. Jovita Iglesias, que participaria da vida dos Bioy até o fim, foi contratada como governanta enquanto moravam nessa casa. Em seu livro de memórias sobre o casal, *Los Bioy*, escrito em parceria com Silvia Renée Arias, ela relembra: "Havia tanta gente... Muitos empregados, mordomos, motorista, uma secretária e uma empregada para cada um, outras para atender a casa inteira e um cozinheiro polonês sobrevivente da guerra que não deixava ninguém entrar na cozinha. Silvina escrevia e pintava em seu ateliê, onde recebia modelos que posavam para ela. Não faz muito tempo, fiquei sabendo que Bioy comentou ter se apaixonado por uma das jovenzinhas que posavam para ela. Contou também que não se atreveu a declarar seu amor. Acredito nele quando diz ter se sentido atraído. Dona Silvina escolhia pessoas muito especiais. Nunca esqueci a beleza de uma mulher negra que ela pintou com uma criança nos braços".

No mesmo prédio morava Silvia Angélica García Victorica, Genca, aquela prima de Silvina, amante de Bioy desde antes do casamento. Genca tinha vinte e quatro anos. Adolfo Bioy Casares recorda em seu *Memorias*: "Certa noite, depois de uma reunião em casa, meu amigo Mastronardi exclamou: 'Genca está formidável'. Graças a esse comentário notei a beleza de Silvia Angélica, a sobrinha de Silvina. Logo depois nos tornamos amantes e começou para mim um longo período de amar muito, de ser muito amado, de vida atarefada, com tênis de manhã, amores de tarde, leitura e escrita não me perguntem quando, mas pontualmente cotidianas". Não especifica quando foi essa revelação, nem a que casa se refere. Segundo Jovita Iglesias, Genca afirmava que seu romance com Bioy era anterior ao casamento com Silvina. Em *Los Bioy*, Jovita conta: "'Ele vinha à minha casa – Genca me contou na época –, mas não tenho nenhum remorso, porque antes de Silvina era eu. A mãe dele queria que eu me casasse com Adolfito, mas Silvina o roubou de mim'. Foram amantes desde antes do casamento, e continuaram sendo até que Silvina e Adolfito deixaram a propriedade da esquina da Santa Fe com a Ecuador".

Por isso os pais de Bioy choraram? Porque queriam a bela e jovem Genca como esposa do magnífico Adolfito? De qualquer forma, ele jamais pareceu ter dúvidas. Em uma entrevista de 1999, disse: "Na primeira vez que fizemos amor, Genca me prometeu que essa relação não desgraçaria Silvina. Foi difícil: ela chegou a descobrir que nos amávamos". Desde o início, então, Bioy quis preservar sua esposa. De acordo com essa confissão, não pensava em Genca senão como amante.

Em 1949, Genca os acompanharia naquela viagem à Europa, à qual também foi Drago Mitre, amigo de infância de Bioy, e é nessa viagem que surge o boato de que os Bioy teriam compartilhado Genca sexualmente. Se foi verdade, Bioy não tinha toda sua libido posta no triângulo. Foi nessa viagem que conheceu outra de suas amadas amantes, outra das mulheres por quem se apaixonou longa e perdidamente: a escritora mexicana Elena Garro. Bioy e Elena – que ainda não havia publicado nenhum livro – se conheceram no Hotel Georges V, em Paris. Na época ela tinha vinte e nove anos e estava casada com Octavio Paz desde os dezessete. Bioy tinha trinta e cinco e acabara de escrever um de seus melhores romances, *O sonho dos heróis*. Durante o caso, tiveram apenas três grandes encontros – aquele de 1949, um em 1951 e outro em 1956, em Nova Iorque –, mas sempre mantiveram os telefonemas e, principalmente, as cartas. A correspondência foi constante, intensa e apaixonada durante duas décadas, e por volta de 1969 o romance havia terminado. Poucos anos atrás, a Universidade de Princeton tornou público o arquivo de Elena Garro: cinco caixas de documentos, entre manuscritos originais, papéis variados e correspondências. São 91 cartas de Bioy, além de treze telegramas e três cartões-postais. Bioy os enviava a qualquer parte do mundo: há cartas recebidas no Japão, Suíça, Áustria, França e, obviamente, México. E há períodos de grande intensidade: entre agosto e outubro de 1951, enviou mais de vinte. Em 12 de setembro, escreve (Bioy escrevia o nome de sua amante com H., como se se tratasse de uma divindade clássica): "Helena adorada: Não se assuste por eu te amar tanto... Gostaria de ser mais inteligente ou mais certeiro, de te escrever cartas maravilhosas. Devo me resignar a conjugar o verbo amar, a repetir pela milésima vez que nunca amei ninguém como te amo, que te admiro, que te respeito, que te estimo, que você me diverte, que me excita, que eu te adoro. Que o mundo sem ti, do qual agora sofro, me deprime e eu seria muito infeliz se não nos encontrarmos no futuro. Te beijo, meu amor, te peço perdão por minhas tolices". E em 2 de agosto de 1952: "Antes eu gostava de todas as mulheres (antes = antes de te conhecer). Agora as vejo como se um véu tivesse caído dos meus olhos: são tolas, são feias (custa ao cosmos criar uma mulher linda) e são outras. Isso de serem outras, de que sequer se pareçam contigo, é sua mais grosseira e imperdoável imperfeição. Além do mais, a ideia de fazer amor com elas me repele: que horrível, que antiestética e incômoda postura; que nojo, que tédio. Descobri a virgindade e seu quase suficiente encanto".

Elena Garro escreveu sua própria versão do romance, especialmente do seu início, no autobiográfico *Testimonio sobre Mariana* (1981). O retrato que ela faz de Silvina no livro é tenebroso. A personagem, que se chama Sabina (o nome mal dissimulado), tem algo mórbido, sinistro. Sai furiosa pelas ruas de Paris quando ele some; preside reuniões com um sorriso sarcástico, traída mas poderosa. O retrato é cruel: "Me chamaram a atenção suas calças amarrotadas cor de canela, as meias brancas e os sapatos pretos de salto alto. Estava com o cabelo bagunçado... Um moço loiro de porte atlético e sorriso infantil nos interrompeu... Não pude acreditar que aquele moço fosse o marido de Sabina. Na América do Sul os gigolôs são comuns e Vicente tinha um venenoso poder de sedução". Vicente, claro, é Bioy. Genca também aparece no livro: chama-se Tana. "Apareceu uma mulher jovem, de tez morena e modos recatados como os de uma empregada de confiança. Ela se sentou ao lado do marido de Sabina e eu os vi conversar em voz muito baixa e depois se retirarem. Tive a certeza de que eram amantes... 'Essa é Tana, minha sobrinha', explicou a mulher de Vicente com um sorriso. Era evidente que Tana era uma protegida de Sabina, que ocultava suas tendências lésbicas sob um disfarce de modéstia. Tana é filha de uma irmã de Sabina e é extremamente rica."

Se Silvina Ocampo leu esse romance, publicado quando ela já era idosa mas ainda estava lúcida, não há registros.

De volta de uma viagem à Europa, em 1954, os Bioy se mudaram para o apartamento onde moraram até a morte, ao longo de quarenta e cinco anos, na rua Posadas, 1650 – também na Recoleta, mas numa área muito mais tranquila, muito mais elegante. Todas as descrições do enorme apartamento da rua Posadas são hiperbólicas: todos os que o visitaram, e foram muitos, lembram como era extraordinário, mesmo no fim, quando estava descuidado, cheio de manchas de umidade e baratas, com quartos trancados. Mais uma vez, o edifício inteiro pertencia à família Ocampo. Foi construído em 1932 pelo famoso arquiteto Alejandro Bustillo, a pedido de Manuel Ocampo, que queria um andar para cada filha. O primeiro andar, com um pátio em declive que chegava ao térreo, era de Victoria; o segundo, de Angélica; o terceiro, de Rosa; o quarto, de Francisca; e o quinto e sexto, de Silvina, que de alguma maneira herdara aquele que seria de Clara, sua irmã morta. Entre banheiros, quartos e salas, o apartamento de Silvina e Bioy tinha vinte e dois cômodos, um enorme jardim, cinquenta metros de terraço e, no sexto andar, o ateliê. Silvina e Bioy tinham cada um seu próprio quarto – nunca dormiram juntos – e seu próprio escritório. Ela passava horas na poltrona da sala, falando ao telefone: adorava falar ao telefone, principalmente depois de comer. E, quando se mudaram, já não estavam sozinhos.

Em 1954, durante aquela viagem, haviam adotado Marta, a única filha dos Bioy. Não foi uma adoção tradicional. Silvina não podia ter filhos. Não está claro se desejava, mas aparentemente Bioy queria ser pai. Na época, uma de suas amantes, chamada María Teresa, aceitou ser a mãe de sua filha e entregá-la para adoção. A menina nasceu nos Estados Unidos, mas o processo de adoção foi feito na França. Os Bioy foram até lá para buscá-la: a bebê de três meses e sua mãe estavam em Pau, no sul da França, capital dos Pirineus Atlânticos, Aquitânia. Recriando as memórias de um amigo em comum com os Bioy, Pepe Fernández, a romancista Alicia Dujovne Ortiz escreve em um artigo para o *La Nación*: "Ela riu durante anos do dia em que encarou a bebê pela primeira vez. Estava vermelha até as orelhas e, de puro nervosismo, disse a primeira bobagem que lhe ocorreu: 'Que narizinho mais pequenininho que ela tem, não será homossexual?'. 'Não', respondeu Adolfito, muito sério, como se a pergunta lhe parecesse absolutamente sensata: 'é que ela tem o nariz chato'". Em setembro de 1954, Silvina escreve da França à sua irmã Angélica: "Não conseguimos babá... Faz um século que não lavo minha roupa e muitos dias que não tomo banho porque não dá tempo – e só tem um banheiro. Estou horrorosa e receio que meu organismo tenha se acostumado. Tenho o cabelo ruço e áspero, o rosto meio vermelho, as mãos rachadas, tudo aperfeiçoado pela minha feiura habitual. A correria em que vivo está me deixando louca. Não tenho um minuto para me dedicar à contemplação de nada nem de ninguém. É horrível".

Jovita Iglesias conta em *Los Bioy* que, junto com o casal e o bebê, chegou da França a mãe biológica, María Teresa. "No dia seguinte à chegada, Bioy pegou uma porção de mamadeiras e saiu com a menina no moisés. Silvina ficou em casa. Eu não entendia direito o que estava acontecendo, mas supus que a bebê tinha que ser alimentada com o leite de sua própria mãe. Era como um mistério, só que muito explícito. E o senhor Bioy começou a fazer a mesma coisa todos os dias... Um dia, quando Marta estava na idade de começar a falar, Silvina me disse que uma amiga havia elogiado a calça que eu tinha lhe confeccionado e pediu que eu fizesse uma para ela também... Fui até a casa dessa amiga e quem abriu a porta para mim foi uma senhora que não era tão bonita, mas sim muito alta e elegante. Estava bem-vestida, mas não foi sua elegância que chamou minha atenção, obviamente, e sim o fato de que havia no ar um perfume que eu conhecia muito bem. Tudo cheirava a Bioy, como se ele estivesse por ali. E havia muitos brinquedos no chão. Aquilo me deixou desconfiada. A senhora me tratou muito gentilmente e, depois de um tempo conversando, me pediu para esperar um instante porque tinha uma surpresa para mim. E apareceu de mãos dadas com Marta. Ao me ver, a menina se escondeu envergonhada atrás de sua mãe. Foi uma situação bastante chocante, mas foi assim que eu descobri quem era sua verdadeira mãe. Quando voltei para casa, encontrei dona Silvina muito ansiosa. Imediatamente me perguntou o que eu tinha achado de sua amiga. Falei que ela era muito agradável, simpática, esplêndida. Sugestivamente, não dissemos uma palavra sobre a calça."

A mãe biológica de Marta sempre esteve presente na vida da menina. Inclusive, manteve relação com Marta quando foi morar na Colômbia, casada com um empresário de sobrenome De Narváez. Aos onze anos, Marta soube que ela era sua mãe: até então, chamava-a de madrinha.

Silvina era uma mãe superprotetora. "Marta foi muito mimada e tratada como uma princesa", conta Jovita. "Não cortava carne porque era muito delicada, e não tinha força porque não se exercitava." Certa vez, para ajudá-la na escola, Silvina escreveu uma redação para Marta. Mas não deu muito certo, a menina tirou nota cinco e Silvina incluiu o conto em seu livro *Y así sucesivamente*: chama-se "Cabeza de piedra". Silvina comemorava os aniversários de Marta em San Isidro, na casa de sua irmã Angélica, e participava das festas dançando e cantando como uma criança entre as outras. Marta morria de vergonha. Jorge Torres Zavaleta, o jovem amigo de Silvina que foi vizinho da família Bioy na rua Posadas, apresentou a Marta aquele que seria seu primeiro marido, Eduardo Basavilbaso, "um baita de um malandro, meio parente meu, bom sujeito mas um completo desastre". Torres Zavaleta também se lembra daquela garotinha solitária e silenciosa: "Marta era boa gente, muito tímida, e não era bonita. Estava sempre de escanteio, ninguém ia visitá-la. Era péssimo para uma jovem que ninguém prestasse atenção nela. Silvina a superprotegeu muito, como mãe ela tinha seu lado louco, medroso. E deixou-a menos livre do que deveria ter sido. Mais tarde Marta se vingou, mas teria tido uma vida mais plena se Silvina a tivesse deixado mais sossegada".

A vingança foi ficar grávida aos dezenove anos de Eduardo Basavilbaso, com quem teve dois filhos, Florencio (que nasceu na França em 1973) e Victoria (que nasceu em Buenos Aires em 1975). Quando Marta ficou grávida, Silvina não soube o que fazer. Estava tão desconcertada que só atinou em viajar para a Europa junto com a garota, que escondera a gravidez de seus pais até ter que se render às evidências. Com Silvina e Bioy, na Europa, Marta levou a cabo sua gravidez: um dia antes do nascimento do bebê, casou-se com Eduardo, que também tinha viajado.

Voltaram todos juntos, e moraram todos juntos no enorme apartamento da rua Posadas.

O casamento com Eduardo não durou muito. Marta voltou a se casar, com Alberto Frank, e o casamento tampouco durou muito, mas tiveram uma filha, Lucila, que nasceu em 1980. Marta continuou morando com seus pais na rua Posadas até que, nos anos oitenta, assumiu a fazenda Rincón Viejo. Mas não passava o tempo inteiro no campo: sempre voltava à Recoleta, com seus filhos. Todos estão de acordo, principalmente seu pai, que ela foi uma excelente administradora da propriedade.

Silvina adorava ser avó. Divertia-se com os netos, brincava com eles no chão, ria aos gritos. Quando começou a criar sua filha, também começou a escrever histórias para crianças. Publicou várias em revistas nos anos cinquenta e, em 1958, encenou no teatro Liceo de Buenos Aires *No solo el perro es mágico*, sua única comédia infantil e também a única de suas peças teatrais que chegou a ser representada. Nos anos setenta, quando nasceram os primeiros netos, Silvina publicou vários contos infantis (o livro *La naranja maravillosa*, por exemplo) e um livro de poemas, *Canto escolar*. Sua última obra para crianças foi o romance curto *La torre sin fin*, publicado em Madri em 1986, e que só foi editado e distribuído na Argentina trinta anos depois, numa edição aos cuidados de Ernesto Montequin, que diz: "Na única antologia completa que fez de sua obra (*Páginas de Silvina Ocampo seleccionadas por la autora*, de 1984), Silvina incluiu três de suas histórias infantis. Não acrescentou nenhuma indicação para distingui-las do restante dos textos selecionados. Ela não estabelecia hierarquia entre ficções maiores e menores". De fato, vários contos de *La naranja maravillosa* ("Los dos ángeles", "Icera", "A lebre dourada") haviam sido publicados antes em seus livros de contos "normais". Não mexeu em uma vírgula para oferecê-los ao público infantil.

A literatura infantil, no entanto, a interessava desde antes. Uma das grandes influências literárias de Silvina Ocampo – marcada pela repetição de temas como a metamorfose, os monstros, a crueldade – são os contos de fadas, e em 1950, enquanto Borges e Bioy dirigiam a mítica coleção policial *El Séptimo Círculo*, Silvina planejava uma coleção de livros infantis. Eram narrativas de distintas épocas e literaturas, reunidas em antologias temáticas – de neve, de Natal, de animais, de fadas – que seriam ilustradas por crianças. A ideia, por algum motivo, não vingou.

No início dos anos setenta, Elena Garro telefonou a Bioy para avisá-lo que estava indo à França e que mandaria seus gatos do México para ficarem sob seus cuidados. Bioy não pôde dizer que não. Chegaram, então, os gatos angorá. Eram quatro, um se chamava Lafayette e tinha se apaixonado por Silvina, que odiava gatos: ela era uma mulher de cachorros. Receber os animais foi complexo e foi um acontecimento: Bioy e um tabelião tiveram que ir buscá-los no aeroporto internacional de Ezeiza. Não duraram muito na casa. Silvina, de saco cheio e certamente brava, mandou-os para um abrigo. Nunca mais se soube deles. Para Elena, mentiram. Jovita lembra em *Los Bioy*: "Bioy disse a Elena que tinha levado os gatos para a fazenda, que estavam muito bem ali, para que ela ficasse sossegada. Mas quando ela descobriu, ficou doida".

Havia muitas outras amantes, presentes na casa da rua Posadas, que inclusive tentavam fazer amizade com Silvina. Ou que insistiam em passar a noite, e frequentemente conseguiam. Teriam os Bioy um acordo explícito de relação aberta? Quando Silvina morreu, Bioy publicou detalhes de suas aventuras em seus diários, mas nunca falou sobre um acordo prévio. A rigor, não fala muito sobre Silvina em seus diários, como se esse fosse o pacto, preservar o mistério sobre sua mulher. Em *Descanso de caminantes*, por exemplo, escreve: "Uma situação que se repete. Sempre chega o dia em que a amante pede para eu me separar de Silvina e me casar com ela; se ainda se limitasse a dizer 'vamos morar juntos', talvez até considerasse o pedido..., mas eu jamais encararia as burocracias de uma separação legal; não sei se alguma mulher merece tanta amolação".

Na opinião de amigos como Eduardo Paz Leston, "Silvina sofria um pouco, mas não era para tanto. Ele sempre voltava para ela. Sempre estava de volta para jantar, sempre dormia em casa". Em uma entrevista, Jovita contou: "Um suportava o outro. Eram muito cúmplices. Uma vez, Adolfito estava em seu escritório com uma mulher, Silvina abre a porta e encontra os dois se beijando. Então, Silvina diz a ele: 'Menos, Adolfito, por favor'". Para outros, como Juanjo Hernández, a publicação dessas confissões é absolutamente desagradável. Em entrevista à jornalista argentina Leila Guerriero, ele disse: "O que aparece aí é pura vaidade. Comentar assim sua relação com Elena Garro, com Beatriz Guido... Talvez estivesse meio gagá, mas Victoria mandou queimar a correspondência com Mallea, por exemplo. Você deve ter consciência de que existem coisas que não valem a pena contar. Nesse livro, Silvina aparece como uma dona de casa. Ele diz: 'Hoje Silvina quis me contentar com ervilhas'. Justamente ela, que no quesito doméstico era um desastre! Você ia à casa deles e encontrava cinco geladeiras na cozinha, e só uma funcionava. Não ligavam para o mundo externo. Eu dizia: 'Silvina, que bela mancha de umidade você tem aí, por que não coloca uma moldura, parece um quadro do Klee'. 'Não seja mau', ela me dizia. 'Não seja mau.' Não sei se ele respeitava o trabalho de sua mulher. Quando Silvina morreu e deram a ele aquele prêmio... aquele prêmio... o Cervantes... compartilhado, né?... Não sei..., bom..., não importa. Perguntaram a ele sobre Silvina. E ele suspirava. Como se não pudesse suportar a tristeza. Mas nunca houve uma palavra de elogio, nunca disse: 'Minha mulher é uma excelente contista, uma boa poeta'". Paz Leston concorda em algo: "Silvina nunca teria publicado uma coisa assim. Ela teria sido mais leal. Mais discreta".

É Jovita quem, em seu livro, sustenta com maior ênfase a imagem de uma Silvina sofredora. Em *Los Bioy*, ela conta: "Apesar de saber das aventuras de Adolfito, houve uma época em que não se lamentava muito por sua sina. O que ela temia, quando se sentia mal ou discutiam por alguma besteira, era que ele pudesse deixá-la. Porque, com seus medos, Silvina o irritava. 'Ai, Adolfito, algo vai acontecer', lhe dizia. E ele retrucava: 'Não diga bobagem, Silvina, você está sempre com essas coisas'. Para ela, o fato de ele repreendê-la era gravíssimo, achava inclusive que era motivo suficiente para que ele fosse embora. Com o passar dos anos, também sofreria por outro motivo: o nascimento de Fabián, outro filho de Adolfito. Ela mesma me contou e tinha medo de que o senhor Bioy fosse deixá-la por alguma daquelas mulheres lindas com quem saía".

O auge da angústia de Silvina é simbolizado pela poltrona que ela pôs junto à porta da casa da rua Posadas: sentava-se ali todos os dias para esperar Bioy voltar. Edgardo Cozarinsky, cineasta e escritor, lembra-se disso: "Muitas vezes ela me recebia sentada ali, e quando ouvia o elevador, saía correndo". Jovita também: "'O que está fazendo aqui no escuro?', lhe perguntei da primeira vez. Ela respondeu algo como 'sou a guardiã da porta'. Ali ficava e dali ninguém a tirava. Quando ele voltava e ia chamar o elevador no térreo, ela já sabia que era ele. Então, levantava-se num pulo e era como se nada tivesse acontecido. 'Não vá dizer a ele que eu o espero ali sentada', me pedia, 'porque senão ele me mata'".

Silvina escreveu um poema sobre aquelas noites de aflição, "Espera":

Cruel e dura é a noite quando aguardo tua volta
à espreita de um passo, o ruído da porta
que se abre, da chave que você agita na mão
quando te espero chegar e você demora tanto.
Cruéis são os rumores dos carros nas ruas
que me dão sono quando estou junto a teus olhos
(...)
Cruel é que tudo seja belo até o retorno

da espera, e o lento padecer do amor.
(...)
E ainda é cruel depois ter que ser humana
não me transformar, ao te ver, num cão, de alegria.[18]

Para Ernesto Montequin, é injusto considerar Silvina uma vítima no relacionamento com Bioy. "Isso a coloca em um lugar de inválida. A relação com Bioy foi muito complexa; ela teve uma vida amorosa bastante plena. Colocá-la no lugar de sofredora é uma condescendência que ela não merece. O livro de Jovita é uma pincelada dentro de um grande retrato, porém, a partir de uma perspectiva muito *naif*. Ela interpreta coisas do seu ponto de vista e por isso acredita que é uma mulher que sofre. Mas Silvina transformou toda essa complexidade em literatura; a espera é um de seus temas, o ciúme também. A relação com Bioy podia fazê-la sofrer, mas também a inspirava."

O soneto "Amor", do livro *Amarillo celeste*, diz:

(...) Fugir da ansiedade que está em minhas lamúrias,
poder às vezes ser o que sou, nada,
não ter nunca medo de te perder
com variação e profunda infidelidade

---

[18] Cruel es la noche y dura cuando aguardo tu vuelta/ al acecho de un paso, el ruido de la puerta/ que se abre, de la llave que agitas en la mano/ cuando espero que llegues y que tardas tanto./ Crueles son en las calles los rumores de los coches/ que me dan sueño cuando estoy junto a tus ojos/ .../ Cruel es que todo sea precioso hasta el retorno/ de la espera, y el lento padecer del amor./ .../ Y es cruel aún después tener que ser humana/ no convertirme, al verte, en perro, de alegría.

jamais chegar por nada a te conceder
a tediosa e vulgar fidelidade
dos abandonados que preferem
morrer para não sofrer, e que não morrem.[19]

Em suas *Memorias*, Bioy escreve: "Por vezes me perguntei, ao longo da vida, se não fui muitas vezes cruel com Silvina, porque não me privei de outros amores por ela. Um dia, quando lhe disse que a amava muito, ela exclamou: 'Eu sei. Você teve uma infinidade de mulheres, mas sempre voltou para mim. Acho que é uma prova de amor'".

Bioy e Silvina viajaram juntos à Europa cinco vezes: em 1949, 1951, 1954, 1970 e 1973. Todas as viagens foram de navio: Silvina Ocampo nunca viajou de avião. Nos anos setenta, ela escrevia do navio para Jovina e Pepe: "Todas as manhãs tomo banho de piscina e almoçamos no convés. Tudo é tão caro que não posso tirar uma fotografia. Tenho que lavar minha roupa e a de Adolfito. Para lavar e passar uma camisa nos cobram mais de um dólar. Apesar dos preços tão altos, acho que vou comprar roupa íntima de nylon, camisolas, combinações e algumas blusas. Nunca tive empregada pior. Se algum dia a oferecerem a vocês, recomendo que não aceitem, seu nome é Silvina Ocampo".

Nunca faziam festas nem grandes reuniões. Bioy tinha medo delas. Também não gostava de ficar acordado até tarde. As ceias de Natal e de Ano Novo só se

---

[19] (...) Huir de la ansiedad que está en mis quejas,/ poder a veces ser lo que soy, nada,/ no tener nunca miedo de perderte/ con variación y honda infidelidad/ jamás llegar por nada a concederte/ la tediosa y vulgar fidelidad/ de los abandonados que prefieren/ morir por no sufrir, y que no mueren.

diferenciavam por uma ou outra garrafa de champanhe, pelos presentes e o pinheirinho para Marta. Jorge Torres Zavaleta acredita que estavam muito isolados: "Silvina vivia trancada e Bioy também, à sua maneira. Acho que a ilha de *A invenção de Morel* também representa os medos. Dedicaram-se muito a seu ofício, mas me parece que também escolheram se isolar. Viajavam muito pouco e, nos últimos anos, não foram mais ao campo e a Mar del Plata. É uma opção, mas eles também negligenciaram muitas coisas. A casa de Mar del Plata veio abaixo. Rincón Viejo tinha um tanque tão sujo que, sei lá, parecia vivo".

Francis Korn relembra gestos de devoção: "Ela ficava para dormir quando ele foi operado, o quarto do hospital não tinha sofá, então Silvina ficou sentada numa poltrona. E roncava. Adolfo me dizia: 'Por favor, leve ela embora, tire ela daqui'". Entre os dias 2 e 26 de junho de 1978, Bioy Casares foi submetido a duas cirurgias: de tireoide e de um adenoma de próstata. Silvina passou todos aqueles dias ali. "Não conseguíamos tirá-la, não havia nem onde tomar banho", continua Francis Korn. "Eu levava sopa de abobrinha para ela numa garrafa térmica." Silvina nunca cuidava de doentes, nem sequer visitou as irmãs quando estiveram à beira da morte. Tinha medo de hospitais e de doenças, mas por Bioy ela abria uma exceção, e chegava a limites obsessivos.

Em seu livro, Jovita Iglesias retoma o tema da vida infeliz de Genca. Quando os Bioy moravam no apartamento da rua Posadas, Genca ocupava o quarto andar. Ela nunca subia para ver Silvina. Não tinham relação – pelo menos é o que lembra Jovita. Mas, quando os Bioy foram para a

Europa com Marta grávida nos anos setenta e tiveram que deixar a cachorra Diana, que estava com cinomose, Silvina mandou que Genca fosse consultada, pois ela conhecia um bom veterinário. Genca cuidou do tratamento da cadela. E também de Jovita e Pepe, que há meses não recebiam salário porque Silvina, transtornada pela gravidez de Marta, se esquecia de pagá-los ("Silvina não entendia o que era dinheiro", conta Francis Korn, "não entendia que era necessário, tinha medo de que acabasse, sua relação com o dinheiro era a mais esdrúxula possível"). Genca passou os nove meses da viagem visitando o quinto andar da rua Posadas todos os dias. Estava deprimida, às vezes subia de camisola; era alcóolatra. "Silvina não queria que ela visitasse a casa e, por outro lado, Genca estava muito ocupada atendendo seu pai, que tinha o apelido de Macaco. Esteve por muitos anos doente numa cadeira de rodas. Tinham um monte de enfermeiras, mas ele não deixava ninguém além de sua esposa, Francisca, atendê-lo em determinadas situações. Era uma coisa muito triste, às vezes ouvíamos seus gritos do quinto andar e ficávamos arrepiadas, não sabíamos se ele gritava de dor, desespero ou o quê. Dona Silvina fechava as janelas para não ouvi-lo. O que é isso?, eu perguntava. É meu cunhado, que está muito mal, respondia." Quando o pai morreu, Genca ficou sozinha com seu criado Ismael, de quem cuidou tanto como de seu pai. Marta Bioy a escolheu como madrinha de sua filha Victoria. Genca morreu em 24 de setembro de 1986, aos sessenta e sete anos. Bioy já não era seu amante, mas continuavam se vendo. No início dos anos setenta, ele a fotografou. Está com um casaco preto simples, fechado, o olhar baixo e melancólico, a boca sensual, lupina. Tem cinquenta anos e é um encanto.

Oscar Giménez foi o engraxate de Bioy. Ainda é o engraxate do La Biela, o mítico bar em frente ao cemitério da Recoleta. Pode ser encontrado ali todos os dias. No La Biela, a mesa da entrada lembra Borges e Bioy com duas estátuas sentadas, tomando um café e conversando: não são estátuas muito bonitas e há algo de desagradável nelas. Mais uma vez, nenhuma menção a Silvina, a outra vizinha ilustre. Oscar conheceu Bioy em 1980: a princípio, lustrava seus sapatos no La Biela, mas logo concordou em engraxá-los no seu apartamento da rua Posadas. "Ele me dava todos os pares de sapato e se sentava ao meu lado, como um amigo. Conversava comigo sobre tudo. Eu perguntava por que ele se apaixonava tanto, ele dizia que se apaixonava por todas, tinha sete ou oito namoradas ao mesmo tempo, adorava e amava cada uma, dava atenção, flores, bombons."

— Quando o senhor o conheceu, já mais velho, ele também tinha tantas namoradas?

— Não tantas, mas alguma ele tinha. Eu o conheci numa fase de declínio. Seu auge deve ter sido aos quarenta anos. Era muito bonito, tinha olhos azuis espetaculares, educadíssimo, com umas mãos cheias de veias, jamais dizia palavrão ou levantava a voz. Um homem bom, pagava bem, não era nada mesquinho, nem um pouco miserável, pagava o que você pedia e até mais.

— Ele falava de Silvina?

— De Silvina não falava quase nunca, não a incluía nas conversas, acho que por respeito. Não queria contar que Silvina estava acamada, ou sofrendo, para preservar sua intimidade. Cuidava dela. Era um anjo. Gostava de ficar em casa, era muito caseiro, pois se dedicava muito a Silvina. Todo café da manhã, todo lanche e almoço, ela escrevia. Era o que ele me contava. Eu a vi prostrada na cama. Escrevia nos guardanapos que vinham com a comida do La Biela, e Bioy os guardava e me dizia: quero fazer um livro com tudo o que ela está escrevendo, compilar tudo isso. Estava trabalhando nisso, não sei se conseguiu. Ela estava perdida, mas escrevia mesmo assim. Ele sofreu muito quando ela morreu, ficou muito triste, muito sozinho. Em Silvina, ele tinha uma companhia.

— A morte dela o destruiu.

— Mas ainda seguia em frente. Ele desabou quando Marta morreu. Me contaram, inclusive, que ficou mudo.

Nos diários publicados de Bioy Casares (as mais de mil páginas de *Borges*, o também bastante longo *Descanso de caminantes*, as *Memorias* de 1994 e a crônica de viagem *Uns dias no Brasil*,[20] reeditada em 2010), quase não há alusões carinhosas ou românticas a Silvina. Há referências simpáticas, de companheirismo, de afeto. Mas não há uma única linha de um homem apaixonado. Uma carta da França, de 1967, para Silvina e Marta, termina dizendo: "Amo vocês, sinto sua falta. Vocês são o meu mundo". Alicia Dujovne Ortiz escreve em um artigo para o jornal *La Nación* aquilo que Pepe Fernández lhe

---

[20] Incluída no terceiro volume de suas *Obras completas*, editora Biblioteca Azul, 2022.

contou: que, quando Silvina teve meningite no final dos anos cinquenta, Bioy "chora como um menino, repetindo 'mas o que é que eu vou fazer se Silvina partir, o que eu vou fazer sem Silvina?'".

Ernesto Montequin garante que, entre os papéis inéditos mantidos sob seus cuidados, guardados em um escritório no centro de Buenos Aires – a outra parte do arquivo está na Villa Ocampo, a casa da família em San Isidro que hoje é um centro cultural –, há um tesouro: o epistolário entre Silvina e Bioy. Há planos de editar sua correspondência, diz ele, mas não sabe quando. Também não pode, lamenta, dar detalhes específicos sobre o conteúdo das cartas, nem permitir que sejam citadas. Mas poderia descrevê-las um pouco? Há vestígios do amor de Bioy ali?

Claro, assegura. Escreviam-se todos os dias. "Há 180 cartas de Silvina e 100 de Bioy num período de dois anos. São bastante longas, sem data. E são, digamos, bastante exaltadas." Muito? "Apaixonadíssimas."

SE PENSASSEM, SE SUICIDARIAM

María Esther Vázquez conheceu Jorge Luis Borges em 1957, quando ela entrou para trabalhar na Biblioteca Nacional. Borges se apaixonou por ela, mas María Esther nunca se apaixonou por Borges. Foram amigos antes e depois do romance fracassado, escreveram em parceria livros como *Introducción a la literatura inglesa* (1964) e *Literaturas germánicas medievales* (1966). Foi Borges quem a apresentou a Victoria Ocampo, ao grupo Sur, a Bioy e Silvina. María

Esther publicou uma biografia de Victoria em 1993 e outra de Borges (*Borges. Esplendor y derrota*) em 1996.

No corredor de entrada do seu esplêndido apartamento, María Esther Vázquez tem quadros de Victoria Ocampo, de Borges, dela com Borges. Naquele dia, seu marido, o poeta Horacio Armani, está doente mas cumprimenta da escada (morrerá pouco depois, em maio de 2013). María Esther passou férias em Mar del Plata como hóspede da casa de veraneio dos Bioy, Villa Silvina, junto com Borges. Era muito jovem na época, tinha pouco mais de vinte anos. Era muito bonita, também. Continua sendo.[21] Fala baixo e é alternadamente doce e severa em sua lembrança de Silvina. E um tanto distante: parece que toda sua admiração era por Victoria; como se julgasse Silvina um talento raro, uma flor estranha porém irrelevante.

— Foi uma das mulheres mais inteligentes que conheci. Ela era muito detalhista. Um dia, estávamos no jardim da Villa Silvina, naquela época os jardins estavam conectados, não havia rua. Passava-se de um para o outro, quando Victoria convidava para comer. Na casa de Victoria, comia--se maravilhosamente bem. Na de Bioy, comia-se a mesma coisa todos os dias. Não vou dizer que mal, mas era um pedaço de bife, uma espiga de milho, uma batata, o doce de leite La Martona. Adolfito tinha muitos problemas, alergias. Uma vez, eu estava com Silvina no jardim dela. Seguimos um longo caminho de formigas, dez ou vinte metros, até que encontramos o formigueiro. Ela olhava as que entravam com a carga e as que saíam. E me disse:

---

[21] [N. da T.] O texto é de 2014. María Esther Vázquez faleceu em 2017.

"Se pensassem, se suicidariam". Tinha dessas coisas. Em outra ocasião, me disse: "Que estranho, nas crianças tudo é lindo, menos o cotovelo".

— Era bonita?

— Não teve sorte nesse sentido. Além do mais, era uma criatura tímida, porque entre ela e Pancha, sua irmã mais próxima, teve uma menina, Clara, que morreu, e ela ficou muito isolada. Silvina era pequena para compartilhar algo com suas irmãs, que eram um bando divertido e se adoravam, e do qual Victoria era a líder. Três coisas a estragavam: uma, os óculos pesados que foram deformando seu nariz. Outra, ter feito mau negócio se casando com um mulherengo, porque Bioy a fez sofrer muitíssimo e ela aguentou poucas e boas. Sofreu muito sem reclamar. Nunca reclamava: uma vez, tropeçou e se cortou, e disse: "Me machuquei um pouquinho", mas não era um pouquinho, era uma ferida importante. Depois, coitada, era gordinha e muito gulosa, comia chocolate o tempo inteiro. Perdeu a forma e parecia mais baixa.

— Mas nas fotos de juventude ela parece muito bonita...

— Ela teve uma boa juventude. Com Victoria os pais foram rígidos, mas com Silvina... O pai morre em 1931 e a mãe em 1935, então logo ela ficou livre; foi para Paris, primeiro morou com parentes, depois fez sua vida. Sobre a vida de Silvina em Paris eu soube pelo pintor Horacio Butler, com quem ela se encontrava na França. Ele me disse que o temperamento de Silvina era muito reservado, e ele, por outro lado, era muito passional. Não sei se chegaram a ter um relacionamento íntimo. Butler teria se interessado, já ela eu não sei.

— A senhora perguntou a Silvina se ela teve um relacionamento com Butler?

— Sim, e ela me disse que tiveram uma amizade. Se houve algo mais, não sei. O fato é que Silvina volta e conhece Bioy. Ele disse a ela: "Se quiser, te levo de carro até sua casa", e no elevador os dois se beijaram apaixonadamente e assim começou a relação entre eles.

— Acha que ela se sentia excluída da relação entre Borges e Bioy, que eles a deixavam de fora?

— Eles tinham uma amizade inglesa, isenta de confidências, com aquelas coisas secretas que têm os casais ou os irmãos. Tinham cumplicidades, e Silvina ficava de fora. Nós ouvíamos as risadas dos dois, e Borges ria com uma risada bastante desagradável, porque eram como gritos, e ela dizia: "Do que será que esses idiotas estão rindo?". Não a incluíam.

— A senhora parece acreditar que Silvina não teve uma vida muito feliz...

— Foi uma mulher claramente desditosa. Não no início. Dos cinquenta em diante. Teve a infelicidade de não ter filhos próprios, que ela teria desejado. Sua única filha, Marta, não era filha dela. Foi adotada de uma senhora que se prestou a ter um filho. Nisso Silvina mentiu para mim, disse que haviam adotado a menina em Paris, num orfanato. Ela dizia que uma menina havia lhe estendido os braços. Deve ter querido que fosse assim. Marta era filha de uma senhora que eu conheci, que dormiu com Bioy de bom grado e teve aquela filha. Não era uma empregada ou uma mulher sem instrução, era uma senhora de posses. Mas Silvina amou aquela garota como sua filha. A casa inteira girava em torno dela. Iam para a praia quando Marta acordava. Tudo dependia de Martita, e ela era um encanto de criatura. Mas tinha a língua solta.

María Esther Vázquez sai à sacada para admirar suas magníficas azaleias. É um dia fresco e límpido de inverno. Ela lembra que Silvina "era uma dona de casa estranhíssima".

— Cuidava bem da casa, tratava os empregados com enorme respeito, tudo era "por favor". Quando faziam uma grande burrada, ela dava mil rodeios. Não conseguia dizer "coloque tudo do jeito que estava". Dizia, por exemplo: "Por favor, desfaça tudo isso, porque o senhor Bioy está acostumado com as coisas arrumadas assim, e deixá-las de outro jeito pode ser um problema, o senhor Bioy pode se atrapalhar, e se ele cair...". A primeira vez que a vi se comportar assim com os funcionários, fiquei perplexa. Era muito zelosa. Os banheiros tinham detalhes em bronze e ela pedia aos hóspedes que limpassem as gotas d'água que caíam no bronze, pois ficava verde, e limpar dava muito trabalho para os empregados.

— Dizem que ela era um pouco avarenta.

— Tinha fama de ser muito pouco generosa. Na varanda da Villa Silvina havia duas poltronas de vime estofadas. Com o uso, um dos tecidos ficou com os fios esgarçados. Sente-se ali para esconder isso, me dizia. Usava alpargatas: quando furava a ponta do dedo, ela punha um band-aid para tapar o buraco, não comprava outro par. Nos anos oitenta, quando voltaram a usar ombreiras, me disse: "Veja que injustiça, uma semana atrás joguei fora uma caixa de ombreiras. Foram tão usadas nos anos quarenta, a maioria estava comida pelas traças, mas muitas ainda prestavam".

— E que era medrosa.

— Tinha pavor de resfriados. É preciso lembrar que ela passou toda sua infância e juventude sem antibióticos, que só apareceram depois da Segunda Guerra Mundial, com a penicilina. Nunca perdeu esse medo. Na Villa Silvina, ela tinha uma mesa cheia de remédios e não sofria de nada. Salvo de uma hérnia inguinal, que nunca quis operar, e tinha uma bolota feia, coitada, e às vezes se indispunha. Uma vez vieram jantar e ela se sentiu indisposta, e Bioy ficou tão envergonhado... foi horrível. Ele se comportou de um jeito desagradável. Embora nunca ouvi uma discussão entre eles.

— Borges a respeitava como escritora?

— Sempre disse que ela era uma grande escritora, se pensava isso de verdade eu não sei. Mas era muito amigo dela, ele a adorava. A amizade, no entanto, não tinha nada a ver com a entrega que se tem com os amigos.

— E não se dava bem com Victoria.

— Victoria estava muito ofendida com ela e Bioy, e com razão. Estava magoada.

— O que houve para que se afastassem?

— Foi um acontecimento familiar, dessas coisas que não podem ser contadas. Ela estava zangada. Na Villa Ocampo, encontrei jogado no lixo um cartão-postal em que Silvina pede perdão a Victoria. *Bah*, no lixo não, numa gaveta onde havia puro lixo.

Se María Esther Vázquez tem esse postal, se o guardou, ela não mostra.

— E não vai me perguntar o que todos querem saber? Se ela era lésbica?

— Era?
— Acho que não. Acho que isso é boato. Sua vida era Bioy.

AS COISAS MAIS MARAVILHOSAS E AS COISAS MAIS TERRÍVEIS DO MUNDO

Três anos, nada mais.

Foi o tempo que Silvina Ocampo levou para publicar outro livro de contos depois de *A fúria*, de 1959: *As convidadas*[22] foi lançado em 1961 pela editora Losada. A escritora está no auge dos seus poderes e convoca suas visões habituais, mas de alguma maneira as amplia, as aprimora, as expande. Em "A filha do touro", uma menina bruxa se ofende mortalmente com o gaúcho Pata de Cão quando este lhe mostra o coito bestial de um touro e uma vaca. A ofensa mortal traz consigo um feitiço vudu que a pequena maga vem fazendo há muito tempo. Há mais crianças velhas em *As convidadas*: a de "Anel de fumaça", que aos onze anos se apaixona por um garoto miserável e violento, de pai assassino, "com sua roupa azul de mecânico e aquele prestígio que a pobreza lhe dava"; as crianças que libertam os animais do zoológico em "Fora das jaulas"; ou "Isis", a menina estranha que se transforma no animal enjaulado pelo qual está obcecada. Ou "Icera", a menina que, por querer vestir roupas de

---

[22] [N. da T.] Companhia das Letras, 2022. Os trechos citados têm tradução de Livia Deorsola.

boneca, não cresce e, de tanto ir à loja de brinquedos, fica anã, a infância eterna como algo monstruoso. Ou o menino Clorindo de "A árvore talhada", que assassina seu avô a facadas quando é castigado por engano, pois quem enfia um formigueiro dentro do bolo é uma "menina vestida de diabo". Ou as sete meninas que chegam para o aniversário de Lucio: sete pecados capitais que, quando vão embora da festa, "Lucio já era um homenzinho". Ou a bestial Porfiria, vidente e fria, de "O diário de Porfiria Bernal", alter ego velado de Silvina, que odeia tanto sua preceptora que quer transformá-la em gato e chamá-la de "Mish Fielding": "Ser pobre, andar descalça, comer fruta verde, viver em uma choupana com a metade do telhado quebrado, ter medo, devem ser as maiores felicidades do mundo. Mas eu nunca poderei ambicionar essa sorte. Sempre estarei bem penteada e com estes sapatos horríveis e com estas meias curtas. A riqueza é como uma couraça que Miss Fielding admira e que eu detesto". E a própria Silvina, a Boneca de "O pecado mortal", que conhece o sexo antes da primeira comunhão.

Há outras monstruosidades em *As convidadas*. A de Blanquita Simara, em "A galinha de marmelo", que não se sabe se é macho ou fêmea, animal ou gente, e se alimenta de sobras. A da mulher de "A cara na palma", que tem, obviamente, uma cara na palma da mão e que pensa coisas como: "Na hora em que todo mundo dorme acontecem as coisas mais maravilhosas e as coisas mais terríveis do mundo. As pessoas são capazes de matar alguém, são capazes de revelar qualquer segredo". Há contos de fantasmas e estranhas evocações como "Visões", sobre o onírico velório de Eva Perón. Há um médico que explica a beleza de certas doenças: "Me explicou um dia que essas maravilhosas folhas, acho que são de begônia, listradas de vermelho ou de amarelo ou de violeta, que as donas de casa escolhem para enfeitar seus lares, são bonitas porque estão doentes".

E há uma porção de contos de ciúme e amor que são assustadores, que mostram a vertiginosa – possivelmente sufocante – paixão de Silvina Ocampo. Primeiro, o excesso *kitsch* de "Os amantes", uma de suas mais empanturradas descrições de comida – e há muitas em sua literatura –, que fala de um apetite insaciável: "Compraram oito fatias de bolos diferentes. Uma parecia o monumento dos espanhóis, com penachos de creme cada um de uma cor e frutas abrilhantadas formando flores; outra parecia uma renda, era misteriosa e bem escura, com adornos lustrosos de chocolate e de suspiro amarelo, salpicado de drágeas; outra parecia um pedestal de mármore quebrado, era menos bonita só que maior, com café, creme de confeiteiro e nozes prensadas; outra parecia parte de um cofre, com joias incrustadas nas laterais e neve na parte de cima". Depois, a fúria da mulher de "Radamanto", que inveja profundamente uma mulher suicida porque todos à sua volta a consideram "tão pura"; então, uma noite ela escreve vinte cartas de amor – uma vida inteira de infidelidade – e as deposita, para que seja fácil encontrá-las, no armário da morta. E, por último, o casal em viagem de cruzeiro do conto "Amor", cruzando o oceano como ela e Bioy fizeram tantas vezes. A protagonista do conto está consumida pelo ciúme:

"Sou vingativa, desde a infância sou assim: no momento em que eu o via conversar com alguma mulher que não fosse muito velha, eu procurava algum homem a quem dar papo, para que ele soubesse o que era o sentimento que eu mais detestava: o ciúme. (...) Para me vingar das infidelidades, talvez inexistentes, do meu marido, eu me sentia capaz de qualquer coisa". Uma mulher que, quando o cruzeiro naufraga, odeia quem a salvou pois privou-a de morrer abraçada ao seu marido.

AS FORMIGAS COMERAM TODO O AÇÚCAR

Ernesto Schoo morava num apartamento de Palermo tão abarrotado de livros que era difícil entender por onde ele caminhava – não só ele, como seu cachorrinho, que ficava trancado na cozinha por ser irritante. Romancista, crítico teatral do jornal *La Nación*, primeiro jornalista a entrevistar Gabriel García Márquez na Argentina, Schoo – que, como já foi dito, morreu em julho de 2013, pouco depois desta entrevista – era amigo de Juan Rodolfo Wilcock, escritor brilhante e um dos melhores amigos de Silvina nos anos cinquenta, se não o melhor. Wilcock exilou-se na Itália em 1957 e nunca mais voltou para a Argentina.

— Wilcock morava no bairro portenho de Barracas, num lugar bastante curioso: havia sido um chalé com jardim na frente, e ali tinham construído uma casa. Nos fundos estava o chalé. Enfim, era um lugar bizarro. Lembro que, na primeira vez que o visitei, ele me recebeu bem, à sua maneira, que aliás não era muito cordial, pelo menos no início. Naquele primeiro dia, tocam a campainha, ele abre e é o motorista dos Bioy lhe trazendo comida, porque Wilcock estava gripado e não saía de casa. O motorista apareceu de uniforme com a marmita, uma panelinha em cima da outra.

— O senhor achou estranho.

— Estranhíssimo. Mas comentava-se que os Bioy eram peculiares. Outro dia, numa dessas visitas, Silvina telefonou. Ela tinha feito um retrato de Wilcock, que ele deixava exposto. Estava representado como um adolescente, não se parecia com ele, porque Wilcock estava muito acabado, embora fosse um homem jovem. Silvina queria me conhecer, mas Wilcock não queria me apresentar. Era um jogo entre eles, tinham esses jogos por qualquer coisa, um livro, o que fosse, sempre havia uma rixa entre os dois, uma competição. Um belo dia, apareci na casa dos Bioy, pois Silvina tinha me convidado, e ali começou nossa relação. Nunca foi uma amizade íntima como a que ela tinha com Wilcock ou com Borges, mas sempre foi cordial.

— O senhor era dos poucos que a haviam lido naqueles anos.

— Eu a admirava profundamente. Tinha lido seus contos e poemas e ela me parecia um fenômeno incomparável com qualquer outra literatura. Era um ser estranhíssimo e com uma literatura que não se parecia com ninguém. Muitos dizem: "É Borges de saia". Para mim ela é mais interessante que Borges porque tem paixão, tem amor. Borges é muito cerebral. E Silvina nunca deixa de ser argentina, isso é lindo. Ela pode inventar o mundo mais fantástico e continua sendo argentina. E o ouvido que ela tinha para a linguagem coloquial é extraordinário. Há contos que são uma maravilha de observação. Ela era muito amiga de Manuel Puig e acho que foi uma influência para ele: tinham um ouvido muito parecido.

— Sobre o que ela e Puig conversavam?

— Ele confidenciava a ela seus amores complicados. Não acho que Silvina o levasse muito a sério, mas se divertia à beça.

— Com Wilcock, Silvina escreveu uma peça de teatro, *Los traidores*, publicada em 1956.

— Uma peça maravilhosa. Bom, uma vez Silvina teve a ideia de gravá-la. A gente se reunia uma vez por semana com Enrique Pezzoni, Santángelo, que era ator de teatro, a escritora espanhola Rosa Chacel, a irmã de Enrique Pezzoni e eu, e gravávamos num aparelho antigo que parecia um arame, uma coisa bizarra. Eu era Alexandre, o general romano. Eles morriam de rir porque a certa altura diziam "Alexandre, teus cachos ao vento", e eu era careca. Wilcock era o *enfant terrible*, especialista em fazer piadas, às vezes um pouquinho pesadas. Espalhava os libretos e era preciso ordená-los de novo. Estávamos todos de quatro, Silvina também, procurando debaixo dos móveis e dos sofás, e Wilcock dava alarmes falsos, dizia: "achei a página 100!", então, Silvina dizia: "ótimo, eu tenho a 99", e aí Wilcock dizia: "ah, não, achei a 110". Eram assim: viviam fazendo piadas bobas. Eram um pouco infantis. Mas aquelas gravações eram realmente extraordinárias. O diretor Hugo Marín, que era muito louco, tinha se proposto a dirigir *Los traidores*. Não conseguiu. Ele também ia às gravações, tinha ataques de histeria e ia embora. Ficava bravo com a gente porque não acertávamos o tom. Silvina se divertia demais com tudo aquilo. Sabe Deus onde estarão essas fitas.

— Silvina escutava música?

— Eu lembro que ela adorava Brahms, conhecia tudo: tocavam uma nota e ela já reconhecia se era Brahms. Mas era muito eclética. Nos anos sessenta, gostava de Bessie Smith. Nos anos oitenta, me contaram que ela gostava da Tina Turner, certamente por influência de sua filha. Também gostava de Gardel e Piazzolla. Schumann ela também adorava, Chopin... Nisso ela era muito diferente de Bioy e Borges, que eram uma negação para a música, não tinham a menor ideia, e nem se interessavam.

— Como era Silvina em casa?

— Uma vez ela me contou que teriam convidados para o almoço e o prato seria *puchero*. Silvina sempre teve problemas com o serviço doméstico, geralmente não havia. Parece que ela mesma tinha cozinhado, o que era um perigo. Enquanto ia da cozinha à copa, a travessa caiu com todo o *puchero*. "E o que você fez?", lhe perguntei. "E o que você queria que eu fizesse? Peguei outra travessa, botei o *puchero* ali e servi novamente." Em frente ao edifício da rua Posadas havia uma delegação da embaixada russa e sempre dois policiais na porta. Quando Silvina passeava com sua cachorra, levava aos agentes biscoitinhos e *medialunas*. Ela era uma figura desconcertante e encantadora.

— E muito intuitiva, dizem.

— Tinha uma intuição extraordinária. Se eu telefonava e ela atendia, me dizia: "Você não ligou para falar comigo, ligou para falar com Adolfito". E era verdade. Também dizia coisas insólitas, terríveis. Pepe Fernández, seu amigo fotógrafo, se lembrava de quando embarcaram para a Europa, uma vez que viajaram juntos. De repente, topam com uma família argentina conhecida, que tinha seis ou sete filhos. "Silvina, como vai? Que bom que viajamos juntos." E ela: "Vocês viajam todos juntos com essas crianças? Que horror!". E saiu.

— E muito sedutora.

— Ela era muito desenvolta e gostava de exercer sua sedução. Imagino que queria ser amada. Vá saber como foi sua infância, com Victoria tão dominante que era como o homem da família. Silvina era uma mulher que fazia os outros se sentirem bem. E flertava. Uma vez, estavam na casa dela Virgilio Piñera e outro cubano chamado Rodríguez Feo, um rapaz bem apessoado, muito rico, que financiava uma revista literária cubana. Ela me apresentou a ele, dizendo: "Este aqui é Rodríguez Feo, que de feio não tem nada". Sofreu com as infidelidades de Adolfito, mas ela também tinha suas histórias.

— ...

— É gente que já morreu. Inclusive, em seu livro, Jovita Iglesias silencia muitas coisas sobre o casamento deles, não quis contar. Fez bem. Por uma questão de respeito.

— Como foi a última vez que o senhor a viu?

— Foi em 1986. Um jornalista italiano jovem, de um jornal de Lecce, veio a Buenos Aires para entrevistar Borges, Bioy e Silvina. Estava hospedado na minha casa. Ele me pediu para conhecer Silvina. Era um dia 9 de julho. Telefonei e ela nos convidou para tomar chá. A mesa, como sempre na casa dos Bioy, era bastante frugal, dois ou três biscoitinhos, uma ou outra *medialuna*. Havia três televisores. Perguntei a ela para quê. É que quando meus netos comem aqui, cada um quer ver um programa diferente, então pusemos uma televisão para cada um, explicou. Ela assistia muito à tevê. Adorava *Os três patetas, Benny Hill, O Gordo e o Magro*. Faziam Silvina rir aos gritos. Com seus netos, assistia aos *Muppets*. Bom, ela imediatamente se encantou com o italianinho. Ele me diz, sussurrando: "não tem açúcar". Pergunto a ela: "Tem açúcar?". Silvina, com aquele seu jeito muito particular, diz: "ai, vou ver". Levanta-se, sai e volta logo depois, apoiada na porta que dava para a copa, como se apoiavam as divas do cinema mudo. Olha para nós e diz: "As formigas comeram todo o açúcar". Isso a define perfeitamente. Ela criava uma espécie de mistério que não tinha relação com lógica alguma.

UM CASTIGO E UM PRAZER

Quando se fala de Silvina Ocampo, de seus amores, seus segredos, a referência é quase automática: era lésbica. Ou, era lésbica e estava apaixonada por Bioy. Ou, era bissexual. Quando começam as perguntas e a exigência por detalhes, começam as imprecisões ou reticências.

Sentado em seu bar preferido, Edgardo Cozarinsky – amigo de Silvina no final dos anos sessenta, ele a conheceu quando trabalhava para a editora Losada, que publicou vários livros dela – conta: "Era bastante normal o lesbianismo entre as mulheres da aristocracia, acho inclusive que estava relacionado com o machismo de seus homens, que eram todos mulherengos. Elas se satisfaziam entre si". E Silvina? Edgardo continua: "Comentava-se que havia tido casos na juventude, mas disso ninguém sabe. Não sei se chegava a algo físico, sua sedução. Ela falava contigo pegando na sua mão, te dava um beijo de leve, mas nada além disso. Ficava num lugar como que etéreo. Acho que era uma pervertida polimorfa. Havia uma ideia de que Silvina era 'ambidestra', assim se dizia nos anos sessenta. Mas eu não sei com quem".

A única relação que parece sensato manter em pé é a de Silvina com a poeta Alejandra Pizarnik, bem mais nova que ela. Conheceram-se pouco depois de Alejandra – que, além de poeta, era uma crítica bastante mordaz, embora esporádica – ter escrito na revista *Sur* o artigo "Dominios ilícitos", um texto notável sobre *El pecado mortal*, reunião de contos de Silvina publicada em 1966 pela editora Eudeba. Depois daquele primeiro contato veio o primeiro encontro, e então viria a amizade. As cartas de Alejandra a Silvina, quase todas muito apaixonadas, foram publicadas anos após a morte de ambas. Há várias, mas a última é a mais impactante. Em 31 de janeiro de 1972, meses antes do seu suicídio, Alejandra Pizarnik escreveu:

Ma très chère,
... Oh, Sylvette, se você estivesse aqui. É claro que eu beijaria tua mão e choraria, mas você é meu paraíso perdido. Encontrado novamente e perdido. Fodam-se os greco-romanos. Adoro teu rosto. E tuas pernas e surtout (bis x 10) tuas

mãos que conduzem à casa dos sonhos-lembrança, urdida em um mais além do passado verdadeiro.
Silvine, minha vida (no sentido literal), escrevi a Adolfito para que nossa amizade não adormeça. Me atrevi a pedir-lhe que te beije (pouco: 5 ou 6 vezes) por mim e acho que ele entendeu que eu te amo SEM FUNDO. Amo também ele, mas é diferente, você sabe, não é? Além disso o admiro e é tão doce e aristocrático e simples. Mas ele não é você, mon cher amour. Te deixo: morro de febre e sinto frio. Queria que você estivesse nua, ao meu lado, lendo teus poemas em viva voz. Sylvette, mon amour, te escreverei logo. Sylv, eu sei o que é esta carta. Mas tenho em ti uma confiança mística. Além disso, a morte tão perto de mim (tão viçosa) me oprime. (...) Sylvette, não é um fogo, é um reconhecimento infinito de que você é maravilhosa, genial e adorável. Faça em ti um lugarzinho para mim, não vou te incomodar. Mas eu te amo, oh, não imagina como estremeço ao recordar tuas mãos que jamais voltarei a tocar se não quiser, pois já vê que o sexual é um "terceiro" por acréscimo. Enfim, não sigo. Mando a vocês os dois livrinhos de poemúnculos meos – coisa séria. Te beijo como sei i à maneira russa (com variantes francesas e da Córsega).
Ou não te beijo mas te cumprimento, conforme tua vontade, como quiser.
Me rendo. Eu sempre disse não para um dia dizer melhor sim.
Sylvette, tu es la seule, l'unique. Mais ça il faut le dire: jamais tu ne rencontreras quelqu'un comme moi – et tu le sais (tout)
(Et maintenant je pleure. Silvina, me cure)
Me ajude, não é possível ser tão supliciada
Silvina, me cure, não faça com que eu tenha de morrer já.

Apesar do erotismo da carta, poucas pessoas que as conheceram acreditam que tenha havido uma relação amorosa entre as duas. Acham que Alejandra estava apaixonada, e isso era tudo. Francis Korn, que convivia com Silvina à época do suposto romance – e que, coincidentemente, estudou no mesmo colégio que Alejandra Pizarnik, embora não fossem amigas –, nem mesmo se lembra de terem sido íntimas: "Silvina não a mencionava nem tinha fotos dela", afirma. Paz Leston diz que eram amigas, sim, e que ele tem as cartas para comprovar, embora não saiba se foram amantes ou não. Ernesto Montequin, em seu trabalho de testamenteiro-pesquisador, encontrou uma pista impressionante: um caderno de anotações de Silvina intitulado e publicado – postumamente – como *Ejércitos de la oscuridad*, dedicado a Alejandra. O caderno, aliás, fora presente de Alejandra, que tinha um gosto refinado para artigos de papelaria. E então? Não, para Montequin também não houve romance: "Havia uma relação de amizade. Não encontrei nenhum depoimento de Silvina que indicasse que aquela relação era especial, já não digo amorosa, nem mesmo intensa. Acho que foi um romance unilateral. Há dois envelopes cheios de cartas de Alejandra, colagens, cartas muito bonitas, com desenhos, em papéis especiais. Há rascunhos de Silvina para Alejandra: são amistosos. É um palpite meu, mas acho que Silvina não devia gostar fisicamente de Alejandra, que além do mais era muito demandante e tinha um grau de dependência e ansiedade de reconhecimento... Queria ser reconhecida ou incentivada. Sei que Pizarnik começou tudo, meio que perseguiu Silvina. Grande parte da relação foi por telefone e por carta. Também li cartas de Pizarnik a terceiros nas quais se queixava da distância de Silvina".

— Mas próximas elas deviam ser. Bioy visitou Alejandra quando ela esteve internada na ala psiquiátrica do hospital Pirovano...

— Sim, mas curiosamente isso não prova nem que Bioy era muito amigo dela, nem que Silvina era distante. É uma questão de personalidade. Silvina teria sido incapaz daquela visita. Bioy era impecável em sua gentileza, mantinha uma conduta exemplar, e se um conhecido estivesse internado, ele simplesmente visitava e ponto. Silvina não ia visitar nem suas irmãs quando estavam doentes. Tinha pavor. Com sua irmã Angélica, sofreu muito. Quando Angélica ficou doente e morreu, Silvina foi embora para o campo. O arquivo está cheio de cartas de Silvina pedindo desculpas por não ir quando parentes e amigos estão doentes. Ela tinha medo do contato com hospitais e com a morte. Tampouco ia a velórios.

Em *Los Bioy*, Jovita Iglesias defende que, para ela, os romances de Silvina com mulheres "eram boatos", e que ela nunca viu nada. Mas Jovita disse a Silvia Renée Arias, coautora de *Los Bioy*, que "há coisas de que nunca falaria". Silvia Renée, consultada hoje, diz: "Sempre respeitei os silêncios de Jovita. Não sei se houve uma relação com Pizarnik. Acho que não". Em *Los Bioy*, Jovita escreve: "Certa manhã, quando Silvina e Adolfito estavam prestes a sair novamente de viagem à Europa, Alejandra telefonou. Atendi e ela perguntou se eu poderia passar para a senhora. Silvina estava se trocando. Aquele dia Silvina estava muito nervosa, como sempre. O senhor Bioy era muito pontual para tudo e a apressava: 'Vamos, Silvina, termine de uma vez', e ela correndo pra lá e pra cá. O fato é que naquela manhã ela quis provar uma saia de veludo para usar no navio quando cruzassem a linha do Equador – haveria uma festa – e aquela saia precisava de alguns ajustes. Estávamos nisso quando o senhor Bioy veio apressá-la e ela imediatamente arrancou a saia e ficou sem nada por baixo... Foi nesse caos dos preparativos que Pizarnik telefonou.

— Diga a ela que não estou — pediu Silvina.

Comuniquei isso a Alejandra, mas ela não acreditou.

— Como não vai estar, se eu sei muito bem que ela ainda não saiu? Diga que me atenda por favor, é a última vez que vou incomodá-la.

Disse a ela para esperar um instante, talvez tivesse voltado e eu não sabia, mas a resposta de Silvina foi que por favor parasse de incomodá-la e não a atendeu. Era 26 de setembro de 1972. Algumas horas depois, soubemos que Alejandra tinha se suicidado. Silvina, que mais tarde lamentaria muito não tê-la atendido, já estava a caminho da Europa".

A lembrança de Jovita tem um problema de vinte e quatro horas: Alejandra se suicidou no dia 25 de setembro. Distração na edição, memória ruim?

Um dos melhores amigos de Alejandra, o poeta Fernando Noy, sustenta para quem quiser ouvir que o romance foi real e que ocultá-lo é uma falta de respeito com aquele grande, mítico amor. "É uma vergonha o que fizeram", diz, irritado. "Alejandra não se suicidou porque estava entediada, ela se matou por amor. Deixou isso escrito. Mas não sei por que insistem em proteger Silvina, quando ela nunca pediu proteção." Noy está quase sozinho em sua fé inabalável.

Silvina teve outros romances? Sim. Falta saber os nomes. Hugo Beccacece conta a relação fugaz que ela teve com Enrique Pezzoni, uma relação que deve ter sido complexa, porque Pezzoni era gay, como muitos dos melhores amigos de Silvina: o escritor Manuel Mujica Láinez (que inclusive lhe mostrava fotos de seus amantes, nus), o ambíguo J. R. Wilcock, Pepe Fernández, Manuel Puig, Juanjo Hernández e muitos outros que não pertenciam ao mundo das letras. Quem realmente "confirmou" os amores de Silvina foi o próprio Bioy em 1994, um ano após a morte da esposa. Em uma entrevista para o jornal *La Nación*, disse: "Silvina tinha outros relacionamentos, mas eu sabia me defender dos ciúmes e por outro lado suas histórias não eram tão frequentes. Sempre nos uniu um grande carinho que ia além da atração física. Por isso não podia prescindir de Silvina".

Nos anos setenta, a escritora e jornalista María Moreno bem que tentou. Entrevistou-a e teve uma paixão passageira por Silvina. Não teve sorte. Conta María: "Ela não dava entrevistas, mas permitia-se flertar por telefone se ouvisse uma voz jovem. Não se negava de entrada. Impunha condições, com a certeza de que não seriam cumpridas. Me apaixonei por ela. E, como julguei que aquele era um sentimento reservado, deixei a cama de casal e me mudei para o quarto do meu filho, que me olhava assustado através das grades do berço. A entrevista durou cinco meses. Ela não parava de fazer correções; eu, de ir à sua casa com qualquer pretexto. Me declarei. Ela me perguntou o que exatamente eu queria dizer, ou melhor, o que exatamente eu queria fazer. Eu não tinha ideia. Ela sorriu e disse: 'Sofro do coração'. 'Sou mais bonita que Alejandra Pizarnik', respondi, e saí batendo a porta".

Todos aqueles que foram próximos de Silvina dizem a mesma coisa. Que era fascinante. Que seduzia homens e mulheres. E que ela sabia disso. A Hugo Beccacece, disse: "A sedução vem com a prática. As pessoas dizem que sou sedutora. Mas eu não acredito. Você não pode acreditar demais em nada nem em ninguém. O amor e o sexo sempre me interessaram. Quando eu tinha vinte anos, pensava comigo: ai, quando terei quarenta ou cinquenta anos, para não me apaixonar mais, para não desejar mais ninguém, para viver sossegada, sem preocupações, sem ciúme, sem angústia, sem ansiedade? Cheguei aos quarenta, aos cinquenta e continuava me apaixonando e desejando pessoas bonitas. É terrível. E o sexo agora me parece tão interessante como quando eu era garota e tinha acabado de descobrir o que era isso. Sempre me importou, agora também. Como pode deixar de importar? É um castigo e um prazer".

Um poema publicado pela primeira vez em 2001 – em *Poesia inédita y dispersa* (Emecé), edição de Noemí Ulla – narra um encontro em Palermo que pode (ou não) ser a lembrança de passeios com uma garota audaz, desejada, com um amor passageiro. Chama-se "En un museo":

(...) Ela não me queria.
Eu a queria.
Era tão má que sempre se despedia de mim
dizendo ao invés de "até logo", "até nunca".
Não era muito bonita
mas não precisava ser.
Azuis eram seus olhos
mas não de todo
pois se pareciam com a cor que a rodeava.
No nosso tempo
havia arbustos frondosos
beirando o lago perto da pérgola
com glicínias.
Era a maldita primavera,
havia flores de madressilva perfumadíssimas.
Tão cerrado era o bosque de arbustos
debaixo do arvoredo
que o dia adquiria a cor da noite
e a noite a cor do dia.
Eu a desejava.
Ela não me desejava,
ocorreu-lhe num entardecer
despir-se totalmente
no lugar mais sombrio do bosque:
"Aposto contigo que fico nua".
O que dirá o guarda?
Dirá que sou uma estátua
junto às flores de laranjeiras
como se não se importasse
quando a olhei ela estava nua

a roupa a seus pés
parecia um pedestal de pedra.[23]

AO LADO DELA, ESQUECÍAMOS QUE ERA FEIA

Os amigos de Eduardo Paz Leston o chamam de Teddy. Ele mora no elegante Barrio Norte de Buenos Aires, mas prefere não fazer a entrevista em seu apartamento. Demora muito para descer e, quando chega à porta, está agitado mas esplêndido, vestido de branco, sorridente. Convida para um café e avisa que foi dormir tarde, mas que está bem desperto. Tradutor, responsável por várias edições de cartas de Victoria Ocampo, foi colaborador da revista *Sur* e conheceu Silvina quando tinha dezessete anos. Era fã dela, fã confesso. Ele a lera, ouvira dizer que era a irmã terrível, queria conhecê-la. Telefonou para ela em 1954. Silvina concordou em recebê-lo sem maiores cerimônias. "Fiquei deslumbrado com seus olhos, eram muito grandes, muito azuis. Silvina me tratava como se eu

---

[23] (...) Ella no me quería./ Yo la quería./ Era tan mala que siempre se despedía de mí/ diciendo en lugar de «hasta pronto», «hasta nunca»./ No era muy bonita/ pero no necesitaba serlo./ Celestes eran sus ojos/ pero no del todo/ porque se parecían al color que la rodeaba./ En nuestro tiempo/ había frondosos arbustos/ bordeando el lago cerca de la pérgola/ con glicinas./ Era la maldita primavera,/ quedaban flores de lonicera fragantísimas./ Tan tupido era el bosque de arbustos/ debajo de la arboleda/ que adquiría el día color de la noche/ y la noche color del día./ Yo la deseaba./ Ella no me deseaba,/ se le ocurrió un atardecer/ desvestirse totalmente/ en el lugar más sombrío de la arboleda:/ «Te apuesto que me desnudo.»/ ¿Qué dirá el guardián?/ Dirá que soy una estatua/ junto a unos azahares florecidos/ como si no le importara/ cuando la miré estaba desnuda/ la ropa de sus pies,/ parecía un pedestal de piedra.

a conhecesse da vida inteira. Me chamava informalmente de *vos* – Victoria me chamava de *usted*. Nos tornamos amigos. Pertencíamos ao mesmo círculo, eu era amigo dos sobrinhos de Borges e de Norah, a irmã dele."

— Onde vocês se encontravam?

— Silvina gostava da rotina: entre 1965 e 1968, quando fazia tempo bom, eu ia caminhar ou ler nos bosques de Palermo. Silvina sempre estava lá, de manhã e de tarde. Caminhava sozinha. Ela tinha casacos de inverno e de verão. Havia tido uma espécie de otite muito perigosa anos antes, escreve sobre isso em "Poema para una muerte efímera", um poema sobre quando esteve hospitalizada. Bom, por isso ela levantava a gola do casaco e caminhava pela sombra. Cumprimentava as pessoas que conhecia dali. Havia um homem que passeava com uma bolsinha, bem apessoado, e ela me dizia: "Olha, aquele é o onanista". Arrancava amoras do pé, e também jasmins e magnólias. Às vezes, brigava com o guarda. Fazia tanto tempo que ela ia aos bosques, que muitos achavam que era a fiscal e a tratavam com certo respeito.

— O que ela fazia naqueles passeios, apenas caminhava?

— Não, também escrevia. Silvina escrevia o tempo todo. Há poemas que têm umas dezoito versões. Escrevia sentada com um caderno sobre os joelhos dobrados. Em Palermo, às vezes não me atrevia a chegar perto porque percebia que ela estava fazendo versões orais dos poemas. Andava por aí como um fantasma, percorria sempre os mesmos lugares. Dava voltas e mais voltas.

— Silvina tinha muitos amigos gays: Pezzoni, Mujica Láinez, Manuel Puig, Pepe Bianco...

— É que nós, gays, admirávamos Silvina como se fosse uma celebridade. Victoria morria de raiva. Houve um coquetel para Hans Magnus Enzensberger e todos os jovens estavam em volta de Silvina, não do alemão. Nós, gays, somos mais sensíveis, mais livres, menos rígidos. Muitos de nós encontrávamos nela uma pessoa que não julgava, que ouvia, principalmente os jovens. Eu lhe contava tudo. Falava com ela como se fosse uma irmã mais velha.

— E ela também contava sobre seus amores?

— Silvina era extremamente discreta. Discretíssima. Uma vez, nos anos sessenta, um aniversário da senhora Borges, Leonor, foi comemorado na casa de Norah Borges, na esquina da rua Suipacha com a Juncal, um apartamento no primeiro andar. Silvina me pediu para acompanhá-la até sua casa, que ficava ali perto, e fomos caminhando. Eu estava com um copo na mão e ela falou "não importa, deixe isso aí", e eu deixei o copo numa pilastra da avenida Alvear. Descemos pela rua Posadas e Silvina me disse: "Não te convido para subir porque tenho uma pessoa me esperando". Silvina nunca dizia se era homem ou mulher. Uma pessoa. Ela tinha seus amores, não vou contar quem, porque sou leal a eles, porque eles guardaram minhas cartas assim como eu guardei as deles. Mas quero dizer que Silvina não foi uma vítima. Ela era muito dominadora. No casal, não era Bioy quem dominava, era ela. Dominava com o sorriso e aquele jeito de bailarina. Ela escolhia quem vinha à casa, quem era convidado ou não. Comportava-se como se fosse divina. Ao lado dela, esquecíamos que era feia.

— É verdade que Victoria ficou brava com Silvina porque ela teria tido um trio com Bioy e Genca?

— Não sei tanto. Talvez Victoria tenha ficado incomodada com o caso de Bioy e Genca, mas Genca não era nenhuma inocente, ela tinha seus amantes homens e mulheres, era uma mulher terrível. Pintá-la como uma menininha não é justo.

— E não falava nada de Alejandra Pizarnik?

— Claro que sim. Não sei se foram pra cama ou não, mas Silvina se preocupava com ela. Tenho cartas que comprovam. Em várias ela me pergunta como estava Alejandra. Talvez tenha se distanciado um pouco dela para se preservar. Alejandra era dose, telefonava às três da madrugada, fazia coquetéis de drogas. Silvina às vezes se divertia com ela e às vezes não, mas a amava muito.

— Tinha consciência do seu status, da sua condição social?

— Silvina era uma pessoa que não ligava nem um pouco para essa questão de classes sociais, confundia os Alvear com a filha do açougueiro, literalmente. Quando pintaram o apartamento, Silvina foi morar na casa de Jovita, sua governanta, em Villa Urquiza. Muitos dizem que era avarenta, mas o que acontecia é que ela tinha medo de que Adolfito gastasse tudo, porque ele esbanjava terrivelmente. Adolfito era igual a ela, não estava nem aí para a questão aristocrática. Quando passaram férias em Pau, na França, tiveram que escolher entre visitar parentes milionários, os Domecq, ou um outro que era cozinheiro, e é claro que viraram amigos do cozinheiro. Tanto Silvina quanto Victoria podiam ser detestáveis com pessoas de quem não gostavam, mas não por questões de classe, e sim por se afeiçoarem a elas ou não. Victoria detestava amadores, escritores que não levavam o ofício a sério. E se fossem da elite, pior ainda. Silvina, isso sim, nunca entrou em questões políticas. Sempre foi antifascista e antiperonista, claro. Mas quando isso aparecia na sua obra, era um desastre. O poema antiperonista "Testimonio para Marta" é péssimo.

— Como ela era com Marta, sua filha?

— Era meio severa com Marta. Sei lá, não deixava ela tomar sorvete na praça porque tinha que almoçar. Protegia-a demais. Principalmente nos anos setenta. Eu me lembro de uma festa: Silvina cantava e afastava de Marta um rapaz de quem a menina gostava. As pessoas diziam: "Silvina está nas últimas, quer seduzir os amigos de Marta". Mas aquele garoto na época estava, ou entrou depois, não sei, no grupo Montoneros, e está desaparecido. Silvina pressentiu aquilo.

— Tinha vidência, então.

— Sim, todos nós sabíamos. Uma vez, havia umas ciganas sentadas que se ofereceram para ler a sorte dela, e ela disse: "Não quer que eu leia a sua?". Estava falando sério. Às vezes conversávamos pelo telefone, eu dizia: "Oi", e ela: "O que você tem?". E estava certa, eu tinha algum problema, estava mal. Um "oi" bastava para ela perceber.

— Borges a admirava como escritora?

— Borges gostava dos poemas. Certos contos o escandalizavam. A liberdade de Silvina como escritora era insuportável para ele. Mas, ao mesmo tempo, os elogios eram excessivos. Na resenha de *Enumeración de la patria* ele é tão exagerado que chega a ser suspeito. Borges admirava os escritores na medida em que os via como discípulos, e Silvina não era sua discípula. Ele não gostava de *Viaje olvidado*, mas gostava de *Autobiografía de Irene*, porque tinha tramas fechadas, ao modo de Borges. Mas depois, com os contos de *A fúria* e *As convidadas*, acho que ele não gostava nem um pouco da Silvina escritora.

DAVA PARA NOTAR SUA PERVERSIDADE

Hugo Beccacece prefere fazer a entrevista em um bar perto do seu apartamento, na avenida Santa Fe. É professor de filosofia, franzino e curioso; é cavaleiro da Ordem das Artes e das Letras da França, mas, acima de tudo, é jornalista cultural e escritor, e foi um dos nomes mais emblemáticos do jornal *La Nación*. No entanto, a primeira matéria que fez sobre Silvina Ocampo, em 1983, não foi para o *La Nación*, e sim para a *Claudia*, uma revista destinada a mulheres modernas. A entrevista, que Beccacece não tinha em papel, foi resgatada recentemente dos documentos de Silvina por Ernesto Montequin e será publicada em um volume de textos inéditos.[24] "Foi uma entrevista conjunta, com ela e Bioy, no apartamento da rua Posadas. Me disseram: 'Venha jantar, você faz a entrevista enquanto comemos'. Situação complicadíssima. Armadilha mortal. As condições eram todas de Silvina:

---

[24] [N. da T.] A publicação saiu na Argentina em 2014 pela editora Lumen, sob o título *El dibujo del tiempo: Recuerdos, prólogos, entrevistas*.

'Você não vai poder gravar nem fazer anotações'. Pois bem, fui. Não me lembro muito do que eles falaram, mas me lembro da comida. E da casa. Era de um tamanho que daria para jogar golfe ali dentro, mas não estava pintada e a tinta caía aos pedaços. E em várias paredes havia grandes manchas de umidade e de mofo. Silvina aceitou posar para foto. Numa delas, estava em frente ao espelho e o espelho refletia as manchas de mofo da parede. Quando viram as fotos na revista, os editores disseram: 'que fantástica essa casa, olha os quadros de arte abstrata que eles têm'. E era uma mancha de mofo. Havia algo de desleixo, de desídia, muitos diziam que era a maneira de Silvina se vingar do que acontecia naquela casa, de se vingar do que Bioy fazia. Aquela casa era dela, não dele."

— Então, o jantar.

— Cheguei de noite e não tinha comido nada aquele dia desde o café da manhã, estava morto de fome. Não havia alguém que servisse a mesa, quem fazia isso era Silvina. Me receberam na copa, sem talheres de prata nem nada – que havia, mas não usaram –, foi bastante íntimo. Eles faziam você seguir a mesma dieta alimentar deles, que era de hospital. Então ela traz algo que parecia uma coroa de arroz branco com uma coisa verde no meio que suponho que era um creme de espinafre ou de acelga. Silvina me pergunta: "quer mais?", e eu, que estava morrendo de fome, disse "sim", e ela disse "ah!", com cara de espanto. Serviu um peito de frango cozido e por último umas panquecas que estavam um horror. Ela olha para mim e diz: "ai, parecem pneus". Pareciam mesmo. E então ela disse "quer café?", e trouxe café, mas não trouxe açúcar. De longe, perguntou: "quer açúcar?". Bioy falou para ela: "Como vai perguntar se ele quer açúcar? Traga o açucareiro!". Ela disse que já tinha adoçado o café. Eu tomo e era o café mais amargo e queimado que se possa imaginar. E Silvina me pergunta, com um sorriso: "Está bom de açúcar?". Ela tinha um quê de maldade. No dia seguinte, telefono para agradecer o jantar e ela me diz: "Olha, Hugo, tenho que te confessar uma coisa: o café não tinha açúcar". Essas travessuras, essas coisas perversas que estão nos contos, estavam na vida dela.

— Como eram esses jogos?

— Era um jogo contínuo. Um jogo no qual ela se saía muito confiante, mas havia uma insegurança de outro tipo sobre o que ela mesma pensava. Todas as Ocampo tinham algum problema na voz; a de Silvina, em particular, era uma voz que vacilava. Sempre me pareceu algo de ordem espiritual, além de fisiológico. Silvina dizia uma coisa mas pensava o contrário do que estava te dizendo; o tempo inteiro oscilava, era um pensamento muito paradoxal e contraditório. Ia transformando suas opiniões lentamente até chegar ao oposto, numa espécie de metamorfose que ia operando rapidamente no pensamento. E você ia passando por suas modulações de pensamento de um jeito muito fluido. Quando chegava ao fim, tudo o que ela havia dito parecia a coisa mais normal, dois opostos que ela tinha conseguido unir. Silvina não acreditava na permanência das coisas e da identidade. Da sua própria, em primeiro lugar, e suponho que dos outros tampouco. Não era louca: era seu modo espontâneo de sentir, pensar e ver o mundo.

— Por que ela não se dava bem com a irmã?

— Eram muito diferentes, embora tivessem coisas em comum. O que Victoria não podia gostar era da vida privada de Silvina. Não porque Victoria fosse uma mulher preconceituosa: estava cercada de homossexuais, homens e mulheres, ainda que gostasse muito de homens – era uma mulher claramente heterossexual. Silvina transcendeu tudo isso, além de ser bissexual. O pior foi a história da sobrinha que ela e Bioy converteram, Genca. Levaram a sobrinha de Silvina para uma viagem à Europa, ela era amante de Bioy e tinha sido amante dela. Isso é menos comum até mesmo entre pessoas sem preconceitos, porque cai no tabu do incesto.

— Isso era sabido no círculo de Silvina e Bioy naqueles anos?

— Naquele círculo sim. Falava-se disso nos anos sessenta, embora tenha acontecido antes. As pessoas ficavam estupefatas. Também, claro, dizia-se que Marta Casares, mãe de Bioy, "legou" Adolfito a Silvina. Porque, supostamente, estava deixando Silvina por outra mulher. Outros dizem que não, que não a entregou a ele, que ficou com muita raiva por terem se casado. Nada disso podia gerar a simpatia de Victoria. Casar-se com Bioy, um homem mais jovem, tão atraente, que continuou tendo mulheres, tudo isso era exatamente o que Victoria não gostava.

— Silvina foi amante de Alejandra Pizarnik?

— Acredito que deve ter sido unilateral. Alejandra estava apaixonada por Silvina, mas Silvina não sentia o mesmo, acho. Silvina teve histórias com homens e mulheres, mas o centro de sua vida era Bioy. Os outros eram convidados que entravam e saíam. Por exemplo, o caso de Enrique Pezzoni. Ele me contou pessoalmente. Enrique era muito bem-apessoado, tinha graça, era divertido socialmente, brilhante, inteligente. Silvina uma vez lhe disse: "Gostaria de fazer um retrato seu". Aquela era a cilada. Levou Enrique ao seu estúdio, no apartamento da rua Posadas. Começa a retratá-lo. Diz: "Ai, você tem uma boca ótima, mas muito difícil de desenhar, não sei por quê". Ela vai e toca na boca dele, para estudá-la, para o desenho. Começa a percorrer seus lábios com o polegar e, quando termina, Silvina já está com a língua na glote dele. Tiveram uma fase de amantes, muito breve.

— Bioy soube?

— Percebeu e não gostou muito; o que acontecia era que Enrique era mais bonito e mais jovem do que ele. Silvina deu um relógio magnífico de presente a Enrique. Depois, pediu-o de volta. Mas tenho duas versões diferentes, que Enrique me contou em anos diferentes. Não sei qual é a verdadeira. Uma é que aquele relógio era de Bioy, e ele o exigia. Outra, que o relógio, muito vistoso, não poderia ter sido comprado por Enrique, notava-se que era um presente, e Silvina achou aquilo obsceno; pediu-o de volta porque era um escândalo, uma confissão.

— Como eram os Bioy em público?

— Ele era de uma cortesia extraordinária, fazia você sentir como se o conhecesse da vida inteira, mas também tinha aquele jeito das pessoas de posses de fazerem você notar que são pessoas de posses. Te trata como igual, mas ao mesmo tempo faz você notar que não está no nível dele, porém, com gentileza. Ela era muito mais espontânea. E te ouvia de verdade. Ele, não sei. Ela falava muito menos do que ele, mas quando dizia algo era hilário ou uma coisa mordaz, precisa, que te penetrava até a medula, porque ela tinha te ouvido perfeitamente. Ele era um homem inteligente, cortês, mas previsível. Ela era totalmente imprevisível. Era fascinante, dava para notar sua perversidade.

— Como assim?

— Ela se atrevia a olhar de frente, mas não só por coragem, e sim porque o horror a fascinava. Por exemplo: uma vez, os três amigos íntimos de Silvina, Enrique, Pepe e Manuel Mujica Láinez, o Manucho, estavam voltando de uma festa na casa de Victoria em San Isidro. Eles sofrem um acidente e Manucho, que estava no banco da frente, bate no vidro, se machuca, sangra muito e eles têm que levá-lo ao hospital. Dão alguns pontos nele. Pepe se impressionou tanto que desmaiou. O tempo passa, é preciso tirar os pontos e Manucho conta tudo a Silvina, e lhe diz: "Não sei quem vai me acompanhar, porque o Pepe desmaiou quando viu sangue". Silvina disse a ele: "Eu te acompanho, comigo não vai acontecer, eu cuido dos doentes". E ela o acompanhou. Manucho contava que estava deitado na maca e que começaram a tirar os pontos dele. De repente ficou pasmo porque, por cima do ombro do médico, viu a cabeça de Silvina, fascinada e deliciada com o que estava vendo. Aquilo a atraía, ela tinha a coragem e o prazer pelo horror, não podia parar de olhar.

QUE NÃO RENASÇA O SOL, QUE NÃO BRILHE A LUA

Em 16 de setembro de 1955, a chamada Revolução Libertadora depôs, mediante um golpe de Estado, o presidente democrático Juan Domingo Perón. Três meses antes, trinta e quatro aviões da marinha de guerra haviam tentado iniciar uma rebelião com um bombardeio à praça de Maio: lançaram mais de nove toneladas de bomba e assassinaram 308 pessoas, civis que caminhavam pela cidade. O ataque foi o batismo de fogo da Aviação Naval argentina. Naquele mesmo ano, a revista *Sur* editou um número especial, o 237, chamado *Reconstrucción nacional*. É um número comemorativo do golpe de Estado a Perón. Nenhum dos integrantes da *Sur* deixou por escrito um testemunho de compaixão às vítimas do bombardeio de junho. Ao invés disso, celebraram a Revolução Libertadora como aquilo que achavam que era: o fim do fascismo na Argentina. Nesse número, é especialmente virulento e exagerado o poema celebratório de Silvina Ocampo "Testimonio para Marta", um exemplo de antiperonismo teatral e desagradável, que seu amigo Eduardo Paz Leston classificava como "péssimo":

Lê-se em "Testimonio para Marta":

Não queremos governos, Marta, totalitários,
não queremos voltar a ser os adversários,
de personagens crassos, de antiquados tiranos,
menos originais que os piores romanos.
Que Hitler tenha existido ainda aflige,
temos que abolir a adversa tirania

abolir as torturas, voltar a ser ditosos
que me ouçam os deuses mais misericordiosos:
que não renasça o sol, que não brilhe a lua
se um tirano como este semear nova infortuna
enganando a pátria. Já é tempo que morra
essa raça maldita, essa estirpe cachorra,
que apenas nos museus existam ditadores
como remotos sáurios e não como senhores.[25]

O poema causou certo estardalhaço no meio cultural argentino. A revista *Contorno*, fundada em 1953 por Ismael Viñas e integrada por jovens críticos como Juan José Sebreli, Carlos Correas, Oscar Masotta e David Viñas, que questionavam a literatura de escritores ricos, respeitáveis e cultos, caçoou da "hemorragia de espiritualidade" da *Sur* e, especialmente, de "Testimonio para Marta": "Por mais comovida que estivesse nossa alma, por mais elevada que fosse nossa honradez moral, preferiríamos cortar as mãos a assinar, por exemplo, a poesia de Silvina Ocampo". E é preciso dizer que a *Contorno* estava bem longe de ser uma publicação peronista.

Silvina Ocampo, apesar de seu insistente fascínio pelos pobres e trabalhadores, jamais tentou entender o que o

---

[25] No queremos gobiernos, Marta, totalitarios,/ no queremos volver a ser los adversarios,/ de personajes crasos, de anticuados tiranos,/ menos originales que los peores romanos./ Que haya existido Hitler abruma todavía,/ tenemos que abolir la aviesa tiranía/ abolir las torturas, volver a ser dichosos/ que me escuchen los dioses más misericordiosos:/ que no renazca el sol, que no brille la luna/ si un tirano como este siembra nueva infortuna/ engañando a la patria. Es tiempo ya que muera/ esa raza maldita, esa estirpe rastrera,/ que solo en los museos estén los dictadores/ como remotos saurios y no como señores.

peronismo significava para os milhões de marginalizados e explorados. Como toda sua classe, decidiu que era uma forma local de fascismo que devia ser combatida. "Testimonio para Marta" é seu poema antiperonista mais famoso, mas antes ela publicara outro, na edição de novembro de 1945 da revista *Antinazi*. Chama-se "Esta primavera de 1945, en Buenos Aires":

> Eu vi uma turba histérica, incivil,
> aproximando-se da Casa Rosada
> enquanto na memória, misturada
> já como lembrança, o presente hostil
> ...
> Nos jardins sinto esta tristeza
> é a voz de minha pátria que se queixa.[26]

O que ela está descrevendo é o dia 17 de outubro de 1945, quando o coronel Juan Domingo Perón foi afastado da Secretaria de Trabalho e Previdência Social e detido pelo próprio governo militar ao qual pertencia. Na época, os trabalhadores de Buenos Aires e arredores se organizaram para pedir sua liberdade. Do seu posto no ministério, Perón havia lançado reformas inéditas que melhoravam as condições da classe operária a níveis inimagináveis. Essas reformas ganharam a antipatia do governo, que via nele um futuro líder, e tentaram afastá-lo. Os trabalhadores

---

[26] Yo vi una turba histérica, incivil,/ que a la Casa Rosada se acercaba/ mientras que en la memoria se mezclaba/ como un recuerdo, ya, el presente hostil/ .../ En los jardines siento esta tristeza/ es la voz de mi patria que se queja.

decidiram impedir e lotaram a praça de Maio, no centro da cidade. Foi talvez a maior mobilização de massa da história argentina e, para muitos portenhos que nunca tinham visto os operários suburbanos, foi um escândalo. Horrorizados, eles os viam sem camisa, comendo nas esquinas, bebendo água e se lavando nos chafarizes do centro. Silvina compartilha desse horror de classe: o povo nas ruas é a "turba incivil" do seu poema. Silvina Ocampo não pressentiu que grande parte da pátria – a maioria – não estava exatamente se queixando.

Silvina Ocampo nunca foi, entretanto, uma antiperonista ativa como foi sua irmã Victoria, que chegou inclusive a ser detida no dia 8 de maio de 1953, presa em sua mansão de Mar del Plata e transferida para a Casa del Buen Pastor – espécie de penitenciária feminina de Buenos Aires que recebia, principalmente, prostitutas. Havia sido acusada de ter emprestado sua casa para que militares opositores a Perón organizassem um atentado durante um ato na praça de Maio, até que a liberaram em 2 de junho daquele mesmo ano, quase um mês depois. Ou como foi Borges, que não perdia a chance de se pronunciar contra o governo de Perón e que, durante toda sua vida, condenou o peronismo. Na obra de Silvina – que, aliás, jamais voltaria a fazer uma referência política conjuntural – há inclusive um texto estranho que quase desmente sua poesia antiperonista. É o conto "Visões" de *As convidadas*. A narradora está em um hospital, convalescendo após uma operação. De um estado semelhante ao sonho ela ouve, vagamente, o que acontece do lado de fora: "É o aniversário de uma espécie de rainha. É de noite. Ouço os tambores que o estão celebrando. As pessoas reunidas na praça improvisam altares e modulam, por meio de instrumentos de sopro, a célebre sinfonia. Que estranho que eu nunca a tenha ouvido! A banda de música vem do rio e, cada vez mais exaltada, modula uma melodia sublime. Eu não usaria a palavra 'sublime' para música nenhuma. Mas com que outra palavra eu poderia designar esta? Na nota mais aguda, que entra nos ouvidos como se fosse através de um alfinete comprido, as pessoas ficam tão aturdidas, que o som trêmulo vibra, prolonga-se indefinidamente... Como não ouvi antes essa música tão conhecida?". Trata-se do velório de Eva Perón, e a melodia sublime deve ser a "Marcha peronista".

O que houve? Por que esta súbita simpatia?

Borges escreveria "O simulacro", um conto que parodia o funeral de Eva Perón, e, junto com Bioy, "A festa do monstro", um conto que não deixa muito espaço para a ambiguidade e que reflete quase literalmente como os dois escritores se sentiam em relação ao peronismo.

"Visões", por sua vez, é absolutamente ambíguo. A crítica e escritora María Moreno considera que há "simpatia e ternura" pela "Marcha" e pelo peronismo em geral. O crítico Jorge Panesi escreve em seu ensaio "El tiempo de los espejos": "Contraditoriamente, Silvina inscreve o impressionante evento (a festa peronista) em dois registros distintos: de um lado, o não menos impressionante tom épico e, de outro, a ambiguidade do sonho, a doença e a consciência que borram as fronteiras do mundo".

Na poesia, a visão é fechada, uma resposta de classe àquela afronta; no conto, a visão é problemática e aberta.

Mas como Silvina Ocampo se relacionava com a política? No *Borges* de Bioy há um registro de certa atividade cidadã tipicamente argentina: a atenção constante aos rumores, a saída às ruas em busca dos acontecimentos, a ansiedade da véspera. Nos diários de Bioy não há referências ao bombardeio à Praça; apenas brevemente são mencionados os incêndios às igrejas provocados pelos militantes na noite do ataque: os aviões bombardeiros tinham pintado o lema Cristo Vence, e, àquela altura, o governo peronista estava em total desacordo com a Igreja argentina. Na entrada do dia 22 de julho de 1955, no *Borges* de Bioy, lê-se: "Chegam rumores de uma batalha travada desde as sete da noite no bairro de Caballito. Não acredito nisso; proponho a Silvina e a Borges irmos até lá para ver. Vamos fazendo piada, rindo alegremente. 'Quem diria que nunca iríamos voltar?', falamos. Em Caballito, as famílias saindo do cinematógrafo atestam a paz". No dia 13 de novembro de 1956, Silvina, Bioy e Borges vão à praça da Vitória[27] para se juntarem aos manifestantes que pedem pela ruptura com a União Soviética. Em 29 de agosto de 1956, em pleno governo de fato da Revolução Libertadora, Bioy escreve: "Wilcock diz que não vai embora agora, pois quer aproveitar esse momento morando aqui; que talvez nunca na nossa vida haja outro governo tão bom, tão sensato. Borges, Silvina e eu estamos de acordo". Anos mais tarde, em 2 de abril

---

[27] [N. da T.] Denominação antiga da praça de Maio, no centro de Buenos Aires.

de 1963, lê-se: "De manhã, toca o telefone no quarto de Silvina. Ela me diz: 'parece que há revolução'. Às cinco horas, vou com Silvina buscar Borges. Ele diz: 'vamos dar uma volta pela cidade'. Silvina, incrivelmente, não protesta". Em 17 de outubro de 1965 (com o peronismo vetado na Argentina), esta entrada: "À noite, junto com Borges e Silvina, percorremos a região de Parque Patricios onde deviam estar celebrando um ato peronista proibido de última hora. Policiais nos obrigam a parar, acender a luz de dentro do carro, mostrar documentos. Borges: 'Vivemos numa época horrível. Arte abstrata, mídia audiovisual, comunismo, peronismo, psicologia neonatal, não sei como nós aguentamos'". 25 de maio de 1971: "Borges comenta que deu uma declaração contra o peronismo para o *La Razón*. Silvina está furiosa; tenta explicar a ele seu erro: os peronistas estão em guerra, eles podem fazer qualquer coisa com você. Uma fanfarrice que compromete a todos nós. A mãe está gagá e o estimula".

Apesar disso, a opinião geral é de que Silvina Ocampo era alheia à política. Em uma entrevista a María Moreno, reconhece que a política é para ela "a pior e mais atormentadora das matérias". Para Noemí Ulla, disse: "Se a história tivesse sido escrita por mim, como as pessoas seriam ignorantes". Noemí, hoje, não se lembra de ter tido nenhuma conversa sobre política com Silvina. Ernesto Montequin concorda: "Ela estava deliberadamente apartada de muitos aspectos da política; tinha na verdade uma noção ética, reagia por questões éticas ou de conduta, não por questões ideológicas. Obviamente repudiava o peronismo, sua repulsa era visceral, mas ela era uma pessoa que estabelecia uma relação imediata com os outros: não pensava a política de forma abstrata ou com uma ideologia, como no caso de Bioy; não tinha um cunho ideológico tão evidente. Quando prenderam o editor Daniel Divinsky – fundador da *Ediciones de la Flor*, que publica a Mafalda do Quino na Argentina –, Silvina foi uma das poucas pessoas que assinaram uma petição a favor dele: nem Bioy nem Borges o fizeram. Nos anos setenta, quando Perón retornou do exílio, ela estava preocupada com o clima político do país. Em suas cartas, cita Jorge Rucci – secretário da Central Geral dos Trabalhadores e braço direito de Perón, assassinado pelos Montoneros – e está atenta, sabe o que está havendo, não vive alienada, está assustada e com medo do que poderia acontecer com ela, com sua família, com Bioy. Mas não tem juízos de valor decisivos, exceto durante a Segunda Guerra Mundial, quando é claramente aliadófila".

A assinatura da petição por Divinsky não é a única vez que Silvina se afasta de Borges e Bioy: no dia 22 de outubro de 1968, quando Elena Garro pede que eles telegrafem em solidariedade ao presidente mexicano Díaz Ordaz, responsável pelo massacre de Tlatelolco – Garro, insolitamente, diz que "os comunistas dispararam contra o povo e o exército e agora se mostram como vítimas" –, Silvina se nega a expressar qualquer solidariedade e não assina o telegrama, em consonância com sua irmã Victoria, a quem Borges despreza por essa corretíssima decisão. Silvina e Victoria estavam certas: foi o governo mexicano que havia reprimido violentamente o movimento estudantil, que, ao lado de trabalhadores, donas de casa, profissionais e intelectuais, ocupou a praça das Três Culturas em outubro de 1968. Estima-se em torno de duzentos mortos, embora nunca tenha havido números oficiais.

Seus receios, seus medos, talvez exagerados, estão por toda parte em *Los Bioy*, de Jovita Iglesias. Jovita escreve: "Ela temia que sequestrassem Adolfito para pedir resgate. Eram tempos de Perón, e havia um comitê bem perto do apartamento deles. Ouvia-se a marcha peronista o dia inteiro, ecoava eternamente. Dona Silvina fechava todas as janelas porque lhe fazia mal ouvir aquela música todo santo dia. E quando ele demorava para voltar, ela imaginava o pior: que não o veria mais, que o haviam matado". Muitos anos depois, ela explica que os Bioy decidiram não voltar a Pardo por uma suposta ameaça: "Era o início dos anos setenta e, assim como nos anos cinquenta, Silvina vivia apavorada com a ideia de sequestrarem Adolfito para exigir resgate pela vida dele. E de fato isso esteve perto de acontecer, embora o senhor Bioy nunca tenha ficado sabendo. Quem descobriu foi Pepe ao levá-lo ao aeroporto de Ezeiza para uma de suas viagens. Ele ouviu alguns homens dizerem 'ali está o fazendeiro'. Pepe não deixou passar: 'O que há com o fazendeiro? Se acontecer alguma coisa com ele, vocês estão fichados'. Silvina ficou sabendo e nunca mais quis ir a Pardo, a ponto de o senhor Bioy, embora desconhecesse os motivos dela, querer até vender a fazenda".

Em *Descanso de caminantes*, deduz-se que ele estava ciente das ameaças, sim, e que estava atordoado com o medo de Silvina. Conta que uma noite achou Silvina muito estranha: "parecia feliz por eu estar de volta, mas assustada, como se quisesse me esconder algo e não conseguisse, pelo nervosismo e a angústia que a dominavam. Finalmente me confessou que havia acontecido um fato extremamente desagradável. As explicações nada claras sugeriam que ela havia recebido uma ameaça contra mim. Era uma época de peronismo no poder, diariamente nos informávamos sobre sequestros e frequentemente recebíamos (mesmo nós, que nunca participamos de nenhum governo nem tínhamos atuação política) ameaças telefônicas, sempre anônimas. Por fim Silvina concordou em me mostrar o que havia chegado em casa". Tratava-se de algo perfeitamente inocente: um retrato de Bioy pintado por Carolina Muchnik com uma tira vermelha na cabeça: Silvina, paranoica, o interpretara como uma faca ensanguentada ou uma mancha de sangue. "Foi muito difícil convencê-la de que era um retrato, de que a autora estava orgulhosa de tê-lo pintado e o enviava a mim com carinho, de presente. O que não pude convencê-la foi de que aquele objeto não tinha por que trazer azar. Ela disse que não podia suportar aquele retrato tão triste; que pintaria qualquer coisa por cima. Proibi-a de fazer isso. Então ela disse que pintaria algo no verso da tela, para que, se alguém o visse encostado numa parede, não o virasse. Proibi-a de fazer isso."

Outro ponto de distância entre Silvina e a política foi seu posicionamento em relação ao feminismo. Victoria, sua irmã, foi uma pioneira do feminismo latino-americano.

Silvina tinha uma posição mais distanciada, que em entrevistas costumava defender como superadora. O feminismo lhe parecia algo alheio: ela sempre fora uma mulher livre. Disse a Noemí Ulla: "Se me perguntassem, responderia que sou feminista em algumas coisas e não em outras. Não gosto da posição que assumem porque me parece que se prejudicam, é como se pretendessem ser menos do que são. No fundo, não convém lutar contra as injustiças de uma maneira que não seja completamente justa". María Moreno lhe perguntou qual foi sua atitude diante da aprovação do voto feminino na Argentina, conquistado durante o peronismo e impulsionado por Eva Perón. Ela lhe disse: "Confesso que não me lembro. Me pareceu tão natural, tão evidente, tão justo, que não julguei que requeria uma atitude especial". E quando quis saber a opinião dela sobre as feministas: "Minha opinião é um aplauso de doer as mãos". Esther Cross, escritora que conheceu Silvina quando esta já era idosa e trabalhou em livros de diálogos com Bioy Casares, lembra que teve uma conversa com a diretora de cinema María Luisa Bemberg, amiga de Victoria Ocampo, que queria dirigir um documentário sobre Bioy: "Ela contou sobre as brigas entre as irmãs, que eram terríveis, embora pelo que dizia era Victoria que atacava, ficava ofendida por Silvina não querer ir às suas festas, essas coisas. E também contou – não me esqueço – que certa vez, falando de feminismo, Victoria disse na frente de todo mundo que era uma vergonha que sua irmã não militasse, e falou: 'Silvina é uma idiota'. Bemberg contou isso dando razão a Victoria, mas obviamente as idiotas eram elas duas. Mais feminista e hippie do que Silvina Ocampo não houve nem haverá! O que não suportavam é que ela fizesse o que bem queria. Em tudo ela fazia o que queria. O modo como escrevia e como vivia. Não podiam segurá-la".

LADRA EM SONHOS

Entre *As convidadas* e seu livro seguinte de contos, *Los días de la noche*, de 1970, passaram-se nove anos, a década de sessenta inteira, que Silvina passou escrevendo mas também ocupada com a criação de sua filha Marta e fazendo novos amigos, jovens, muitos deles seus admiradores. Talvez o estímulo desses interlocutores jovens, que lhe traziam o clima da época – Silvina participava pouco ou nada do mundo literário –, a ajudasse a ser mais arriscada do que nunca. Ela, que não era exatamente recatada em sua literatura. *Los días de la noche* começa com um dos contos mais estranhos já escritos: "Hombres animales enredaderas". É, de certo modo, um novo começo: a liberdade é total. Matilde Sánchez, romancista e jornalista cultural, escreve no jornal *Los Andes*, em 2003, quando Silvina estaria fazendo cem anos: "Ao longo de quatro décadas, sua prosa foi passando gradativamente da imaginação livresca da classe alta – do impressionismo à la Katherine Mansfield em *Viaje olvidado*, seu primeiro volume de contos – aos demônios veladamente eróticos da classe média – em *As convidadas*; dos relatos delicados com referências cultas a breves episódios que tratam de mitos urbanos; da biblioteca de casa aos tribunais desacreditados das fofocas de vizinhas. Enfim, foi passando da segunda pessoa para a dissolução da pessoa gramatical – em relatos como "Hombres animales enredaderas". No conto sobre o único sobrevivente de um acidente de avião, que dorme o tempo inteiro e se enreda em plantas, a pessoa se funde, se dissolve, e esse homem se transforma em planta e em mulher. E as fusões continuam: em "Amada en el amado", seu melhor conto de amor, sugere a simbiose completa do casal. 'Às vezes dois amantes parecem um só; os perfis formam um rosto múltiplo de frente, os corpos juntos, com braços e pernas adicionais, uma divindade semelhante a Shiva: assim eram os dois.' Ela entra, toda noite, nos sonhos dele, e dos sonhos traz sempre um objeto; toda noite realiza esse feito". Para Adriana Mancini, "ela compõe sua personagem feminina com traços de feiticeira, maga ou sibila. Adivinha, compartilha, realiza, materializa e interpreta os sonhos de seu amado. Capta os sonhos a partir de sua fonte, vampiriza a mente do marido extraindo dela seu produto e, ao mesmo tempo, como uma profissional experiente da magia, não se compromete pessoalmente com sua prática: ela não sonha nunca". Silvina escreve: "O amor é feito de infinita e sábia loucura, de adivinhação e de obediência". E termina o conto se perguntando: "Mas não será a vida essencialmente perigosa para aqueles que se amam?".

Los días de la noche tem outro de seus magníficos contos cruéis, "Malva", sobre uma mulher tão, mas tão ansiosa, tão consumida pelos nervos, que acaba literalmente devorando a si mesma: autofagia em chave grotesca. Em uma passagem de nível, um trem a atrasou e ela "comeu o próprio joelho até o osso. Como da primeira vez, não saiu sangue, como seria o caso. Ela entrou no carro com a laranja na mão. A saia felizmente cobria seu joelho e assim escondeu a ferida, que era horrível". A mulher acaba se devorando até morrer. Seu marido diz: "Ela era tão excêntrica". Impossível não pensar na intensa ansiedade de Silvina, em seus medos. Impossível não ouvir Bioy nesse "ela era tão excêntrica", que é a versão sincera do "ela era muito original" que ele costumava repetir.

Los días de la noche – com suas crianças velhas ou perversas, bonecas e sexualidades ambíguas – está repleto de retratos de seres com vidas fantásticas ou absurdas, pequenas biografias de personagens que se chamam Ana Valerga, Coral Fernández, Livio Roca, Albino Orma, Clotilde Infrán, Amancio Luna. Sobre esse gosto jocoso pelos nomes, Sylvia Molloy escreve em seu artigo "Para estar en el mundo": "Não há autor argentino que tenha cultivado os nomes com mais paixão, ironia e quase carinho do que Silvina. 'O fato de algo não ter nome me parece um infortúnio', dizia".

ELA PODIA TE MATAR DE FAZER VOCÊ FAZER COISAS

— É difícil falar de Silvina, porque você conta as histórias e fica parecendo uma idiota. Ela parece uma idiota, eu pareço uma idiota; e no entanto Silvina era genial, mas é difícil explicar o porquê. Você tinha que ouvi-la, sei lá – diz Francis Korn, loira e magra, uma mulher pequena e decidida, rápida quando fala e quando pensa e quando zomba, e ela zomba com frequência.

Francis mora na Recoleta, em um apartamento elegantíssimo e enorme, cheio de livros e antiguidades, com um piano de cauda na sala e quadros cobrindo as paredes. Um apartamento de madeira escura e muita luz entrando pelos janelões. Nas fotografias, em cima dos móveis, ela aparece com Silvina em Pardo, na casa de campo, e também com seus cavalos, que ela adora. Fez amizade com Bioy e Silvina em 1970, recém-chegada da Inglaterra, quando trouxe a eles alguns livros de David Gallagher, professor de literatura latino-americana em Oxford.

— Era facílimo ser amiga deles. Facílimo! Ela imediatamente te dizia: "Deixa eu ver como você é!", e levantava sua saia e olhava suas pernas.

— Era muito exigente como amiga?

— Terrível. Uma noite, por exemplo, me telefona. Com essa voz dela: "Ai, a Diana vai morrer se ninguém levá-la para fazer xixi". Diana era aquela cachorra horrível que ela tinha. "Ai, Marta saiu e estou com quarenta graus de febre." Eu ia e Marta abria a porta e me dizia: "O que está fazendo aqui a essa hora?". Silvina parava e balançava o cabelo de um lado para o outro, tipo estrela de cinema. "E como você está agora?", eu perguntava. "Bem", respondia ela, como se nada tivesse acontecido. Então eu levava Diana para passear. Adolfo e eu dizíamos: "Ela não tem piedade". Você precisava ter uma paciência enorme com ela. Te ligava para que fosse visitá-la e depois não abria a porta.

— Saíam juntas?
— Ela não queria ir a lugar nenhum, não queria sair de casa, era muito difícil tirá-la de lá. Além disso, Silvina não sabia o que era dinheiro. Se tinha cinco pesos no bolso, não sabia para que serviam. Gostava que a entrevistassem: aceitava, mas depois não queria que viessem à casa nem queria ir a lugar nenhum. Então, me davam o questionário e eu fazia as perguntas a ela. A Pardo, sim, fomos juntas. Me convidaram para Rincón Viejo. Depois pararam de ir, mas no começo dos anos setenta eles ainda iam por uns dias. Fomos com Enrique Pezzoni. Ela o adorava, eles brigavam e se divertiam, se fotografavam e davam risada como se tivessem cinco anos de idade. Silvina gostava disso: de brincar.
— Falava sobre literatura?
— Pouco. Falava de coisas simples ou de suas loucuras. Silvina é a única pessoa sem um pingo de soberba que conheci na vida. Todo mundo tem um pouco; ela, nada, nada, em nenhum sentido. Sei lá, havia estudado com Léger e nunca dizia isso. Jamais se vangloriava de nada.
— Tolerava bem o fato de Bioy ter amantes?
— Ele sempre estava de volta às oito da noite para ficar com Silvina, nunca saía depois. A coisa mais importante na vida dele era Silvina, isso eu posso jurar. As duas pessoas que ele amava eram Silvina e Borges, que para ele eram essenciais na vida. Suas namoradas eram durante o dia, quem sabe fizesse uma ou outra viagenzinha, e além disso elas nunca duravam mais do que dias. Eu sempre encontrava alguma chorando pela casa. Depois viravam amigas de Silvina e iam chorar para ela. Quando ele as

largava, o que era muito rápido, iam chorar ali. Silvina gostava disso. Um pouco devia sofrer, mas não era para tanto. Ela o adorava e sabia que ele a adorava. Quem disser o contrário está mentindo. Ela também o fazia sofrer, ele tinha que aguentá-la: pedia e queria coisas incríveis. Ela podia te matar de fazer você fazer coisas. Sabia que ele nunca iria embora, e ele a tratava maravilhosamente bem.

— No livro *Los Bioy*, de Jovita Iglesias, ela diz que Silvina sofria muito...

— O livro é uma invenção do começo ao fim. Adolfo e Marta riam de Jovita o dia inteiro. Jovita não fazia nada, era um capricho de Silvina.

— Em que sentido, um capricho?

— Silvina não deixava Jovita fazer nada. E depois tinha o marido dela, Pepe, que roubava tudo, levava tudo o que podia e estava ali não sei por quê. Mas Silvina queria que eles ficassem. Não deixava ninguém entrar na casa. O apartamento da rua Posadas estava caindo aos pedaços, móveis excelentes destruídos, tudo porque Silvina não queria que tocassem em nada. A questão da comida também era algo dela. Havia trezentas coisas que eles não podiam comer, cebola não, ovo não, vinho não. Quando Silvina morreu, ele começou a comer de tudo. Era ela que tinha as manias, ele só acompanhava. Eu me lembro de um jantar, estava Manuel Puig, que era íntimo de Silvina. Me serviram primeiro, Jovita trouxe a bandeja. Três pedaços de carne preta, um carvão. Eles comiam carvão preto. Uma alcachofra boiando na água e uma batata. Pensei, que merda vou fazer com isso? Não dava para comer. Depois já era eu que levava comida para eles ou cozinhava lá, porque era impossível. Outra vez que almocei lá, Jovita veio com uma travessa transparente cheia de cinzas. Juro: cinzas. Adolfo me diz: "Aposto que você não sabe o que é". Eu estava perplexa. Me explicou: "É arroz à cubana". Mas, sério, eram cinzas.

À BEIRA DO MAR, SOBRE BORBOLETAS

A casa fica em uma região que costumava se chamar *Loma del Tiro de Paloma*, porque aqueles terrenos eram usados para a caça de pombos, até que a aristocracia os escolheu para morar. Agora o bairro já não é aristocrático, mas é elegante, de classe média alta, quase sem comércio: chama-se *Divino Rostro*.

Villa Silvina fica em Mar del Plata, a cidade turística mais popular e mais insólita da Argentina, superlotada, com seu mar gelado, seu passado de refúgio dos ricos e seu presente de turismo interno, modesto e proletário. Villa Silvina é um exemplo desse passado: ocupando um quarteirão inteiro – limitado pelas ruas Saavedra, Tucumán, Arenales e Quintana –, foi construída em 1908 por um dos filhos do general Juan José de Urquiza, Diógenes, que era casado com María Luisa Ocampo, tia de Silvina. É uma casa linda e estranha, eclética, argentina: um arquiteto inglês (Bassett Smith) e um construtor de origem italiana (Pablo Carabelli) a ergueram em estilo pitoresco francês e a instalaram no meio de um jardim britânico. Janelas inglesas e telas mosquiteiro tipo guilhotina, bow windows, peitoris, guarda-fogos e torneiras de bronze,

pisos de carvalho da Eslavônia, portas corrediças com espelhos dupla-face, elevador, claraboia com vitrais e um jardim-parque com carvalhos, cedros, castanheiros-da-
-índia, olmos, ginkgo bilobas, paineiras, heliotrópios, caquis, ipês, freijós. Silvina e Bioy a compraram num leilão em 1942 e passaram ali todos os verões e um pouco mais: às vezes ficavam até março. Nessa casa Bioy escreveu seu romance *Dormir ao sol*, e diz a lenda que Borges se inspirou no jardim da Villa Silvina para seu conto "O jardim de veredas que se bifurcam".

Silvina também escrevia muito ali, em seu estúdio, com a linda janela onde esperava os beija-flores. Jovita Iglesias recorda essa casa em seu livro de memórias *Los Bioy*: "Villa Silvina era belíssima. A cozinha era enorme, muito maior que a da rua Posadas, com uma grande mesa quadrada de mármore no centro e as janelas para o jardim. Depois vinha a antessala de jantar, onde eram guardados os pratos e todas as coisas da copa e da cozinha, e a copa, que também dava para o pátio e de onde se via uma grande trepadeira. No térreo havia um hall imenso com uma grande lareira e quartos de hóspedes. No primeiro andar, ao qual se chegava por uma escadaria esplêndida, que rangia, e também por um elevador, ficava o quarto da dona Silvina, precioso, com cama de dossel, que também dava para o jardim. E havia um púlpito, onde ficava o escritório que era acessado por uma escada".

Na frente, em diagonal, está Villa Victoria, a casa de veraneio da irmã mais velha. É um bangalô em estilo inglês, de madeira. Foi comprado na Inglaterra da empresa Boulton & Paul Ltda – fornecedora da Coroa britânica para suas colônias e empresas na América do Sul – por Francisca Ocampo, tia-avó e madrinha de Victoria, transportado de navio e montado sobre uma estrutura de ferro. O jardim é um luxo botânico. Mas Villa Victoria foi doada à Unesco e hoje é um Centro Cultural e um Museu; já Villa Silvina foi posta à venda em 1993 – os Bioy estavam passando por problemas financeiros – e comprada por um colégio particular: Mar del Plata Day School. Silvia Catino, diretora do colégio, adora imaginar os fantasmas daquela casa entre as salas de aula, aposentos e recepções. Em seu escritório, tem um arquivo sobre Silvina e Bioy: matérias jornalísticas sobre a venda da casa, mapas do jardim com cada árvore identificada.

— A árvore preferida de Silvina era o caqui – conta. — Ela gostava da fruta, mas acho que também gostava da árvore por ser meio pobrinha.

Silvina se encarregou de escolher as espécies daquele jardim: assim como sua irmã Victoria, adorava as árvores, as flores. Inclusive, publicou *Árboles de Buenos Aires* em 1979, um livro de poemas que é uma luxuosa biografia botânica da cidade, ilustrado por fotografias de Aldo Sessa, um conhecido fotógrafo argentino. Ela contava que havia se criado em um jardim. Gostava de montar arranjos: "Com quatro limões murchos e espigas secas e galhos do jardim, fazia arranjos estupendos. Mas, quando os netos nasceram, ela parou de fazê-los. Perguntei por que e ela me disse que quando há crianças em uma casa não se deve ter nada morto ou murcho", conta María Esther Vázquez.

Ela gostava de tumbérgias, violetas e jasmins. Provavelmente escreveu mais poemas sobre flores e árvores do que sobre qualquer outra coisa ou assunto. Mas não gostava da primavera. Chama-a de "imunda" em um poema do livro *Amarillo celeste*. "Você corta uma flor e está cheia de bichos, leva-a para seu quarto e ele se enche de formigas. Além disso a primavera tem adornos demais, carece de recato. Gosto do outono, das flores do outono; tem cores, é mais estético, mais delicado. A primavera é como uma pessoa muito rica que coloca todas as joias que tem. Já no outono há flores que se escondem."

Silvia Catino, a diretora, sobe e desce escadas, abre portas e interrompe classes para mostrar detalhes: a campainha no chão do quarto de Bioy, a porta de correr que conectava os quartos do casal ("as crianças sempre me perguntam por que eles dormiam separados e eu invento coisas diferentes, que era um costume da época, por exemplo"), a escada na lateral da mansão, pela qual Bioy "escapava" para se encontrar com suas amantes da praia. A diretora conta que no jardim havia vasos esplêndidos, enormes, que não foram preservados.

— Na verdade, quase nada foi preservado. Só um armário de cozinha, que está no porão.

— Quando chegaram não havia nada?

— A casa estava semiabandonada desde 1974. Alguns parentes costumavam passar finais de semana, pelo que sei, e foram levando coisas embora. Também foi preciso arrancar as tapeçarias, porque a hera entrou.

Foi em meados dos anos setenta, com efeito, que Silvina Ocampo decidiu que não voltaria a Mar del Plata. Ela adorava o mar. Para dormir, imaginava que sua casa era um navio; dizia que aquela era a maneira mais bonita de viajar.

Em 1946, havia escrito em Mar del Plata, e em menos de um mês, um livro em colaboração com Bioy, o suspense policial *Los que aman, odian* (Emecé). Todos os cenários do thriller – que tem um final muito ocampiano, com criança perversa incluída – são marinhos: os mangues da foz do rio Salado, um hotel parcialmente sepultado por uma tempestade de areia. No breve prólogo de *Los que aman, odian*, Bioy escreve: "Ficávamos em Mar del Plata até o fim do verão, quando já não havia quase ninguém, e naquele fim de estação começamos e terminamos o livro. O método de trabalho foi muito parecido com o que Borges e eu seguíamos: nós inventávamos episódios, alguém propunha uma solução e eu escrevia. Gostaria de acrescentar que nunca houve uma discussão nem uma briga, nem com Silvina nem com Borges. Reconhecíamos imediatamente qual era a melhor frase para o texto e aceitávamos sem discussões... Quanto à originalidade do romance, só posso dizer que Silvina tinha uma originalidade inevitável e que era um prazer trabalhar com ela. Na verdade, lamento não ter escrito outro livro com Silvina". Quando foi publicado, ninguém, absolutamente ninguém, resenhou *Los que aman, odian*, precursor do romance policial argentino.

Silvina desfrutava dos verões em sua casa magnífica, ia à praia todos os dias; em suas fotos de bicicleta na areia ela parece radiante, linda, com seu suéter branco e aquelas pernas magníficas ao sol. Em uma carta enviada de Mar del Plata em 1941, ela escrevia a seu amigo Pepe Bianco: "Você não imagina como lamento não poder te mandar manhãs inteiras neste envelope! Por exemplo, a manhã de hoje. Havia revoadas de borboletas na praia, muitas ficaram mortas na beira do mar. A princípio pensei que fossem papéis sujos de chocolate e de sanduíche (...) mas eram borboletas de verdade desbotadas pela viagem. Inspiravam ternura! No entanto, ninguém se enterneceu nem se assombrou. Não é assombroso tomar banho de mar entre borboletas? Caminhar na beira de um mar sobre borboletas? Comer sanduíches com borboletas, respirar borboletas?".

E, no entanto, Silvina deixou de ir e jamais voltou. Jovita Iglesias dá sua versão em *Los Bioy*: "Uma vez, depois de entrar na água, Adolfito saiu contundido e recebeu ordens para ficar de cama. Como não podia mais tomar banho de mar e nenhum dos dois – Jovita se refere a seu marido, Pepe – nos obedecia, Silvina disse, já nos anos setenta, que resolveria tudo de um jeito muito fácil: jurou que não voltaria a Mar del Plata. E cumpriu sua promessa". Mas há outra variante. Silvia Renée Arias, jornalista que escreveu *Los Bioy* junto com Jovita Iglesias, diz, consultada hoje sobre o abandono da casa: "Silvina era muito medrosa. Tinha medo de quase tudo, segundo me confidenciou Bioy, e mais tarde também Jovita, e é fácil imaginar o terror que ela sentia naquela época de sequestros e desaparecimentos. De qual lado? Do lado que fosse". Quando perguntado sobre esses medos, Eduardo Paz Leston, tradutor, crítico e amigo, conta: "Na época do terceiro peronismo, acho que foram ameaçados por uma pessoa que trabalhava temporariamente para eles. Então, Silvina começou a sentir medo. Era real o medo. Tinha medo de que acontecesse alguma coisa com Bioy, que não era medroso. Se algo acontecesse com ele, Silvina morreria".

Nos anos setenta, a Argentina vivia tempos de violência política. Algumas organizações armadas realizaram sequestros para, com o dinheiro do resgate, financiar-se. Como os sequestrados eram empresários ricos, os sequestros também tinham sua carga ideológica. É muito pouco provável que qualquer organização armada tentasse sequestrar Bioy Casares, que, por outro lado, não era tão rico, mas Silvina, medrosa e antiperonista, provavelmente temia que o peronismo armado sequestrasse seu marido como símbolo da aristocracia: afinal de contas, a posição política de sua família e seus amigos era bastante clara. Mas, para além dessas especulações, seus medos parecem fruto de certa paranoia.

Silvia Catino, a diretora do colégio, desce até o porão e ali, entre computadores e prateleiras de livros, conta seu segredo.

— Dizem que aqui havia um túnel. Um túnel que unia esta casa à de Victoria. Foi fechado em 1980, quando doaram Villa Victoria para a Unesco.

— Não parece haver vestígios.

— Mas eu tenho uma testemunha. Jorge. Uma vez ele passou em frente ao colégio, eu estava lá fora, e ele me contou do túnel. Disse que o viu, que esteve lá porque sua mãe foi contratada uma vez para um evento na casa e o *catering*, digamos, era no porão. E lá estava o túnel. A mãe se chama Aurora. Não sei mais nada. Estou esperando que eles passem de novo, que me confirmem isso.

É possível que aquele túnel existisse. As casas costumavam estar conectadas em superfície por uma trilha que a prefeitura de Mar del Plata respeitou durante a vida de Victoria e fechou após sua morte, e que agora é a rua Quintana. Aquela trilha era usada em um único sentido: Victoria Ocampo nunca ia à Villa Silvina, pois não queria ir à casa de seu cunhado. Silvina ia tomar chá algumas tardes. Quando não tinha vontade, dizia que não ia porque "a portinha estava trancada". Referia-se à porta entre as casas, simples, baixa e de ferro, que daria inclusive para pular. A rigor, nunca poderia estar "trancada". Apenas, às vezes, punham nela um cadeado simbólico. Não era nem uma desculpa: era uma brincadeira que Victoria costumava levar muito a mal. Também não se encontravam na praia: Victoria chegava de manhã, Silvina chegava quando sua irmã já estava saindo. Escreve Bioy em suas *Memorias*: "Queríamos chegar à praia às onze, às vezes chegávamos à uma. Às três e meia ou quatro almoçávamos em casa. Às sete tomávamos o chá. Às dez e meia jantávamos". As duas costumavam ir à praia muito agasalhadas, porque tinham medo de ficar doentes. Embora existam fotografias de Silvina sentada com seu maiô e seus óculos brancos, muito empertigada debaixo da sua barraca, na praia também vinham à tona seus medos, principalmente com sua filha, Marta. Escreve Jovita: "Eles tinham sua barraca em Lobo de Mar ou Barranca de los Lobos, mais adiante do Farol. Em pleno verão, lembro que Silvina vestia Marta com um casacão, sapatos fechadinhos, cachecol e gorro, porque ela tinha sofrido de falso-crupe e dona Silvina vivia apavorada. Raramente deixava-a tomar banho de mar, mas quando isso acontecia era uma festa".

Bioy deixou em suas *Memorias* fragmentos da vida cotidiana em Mar del Plata. No caso dele, os dias estavam cheios, como em quase todos os lugares, de mulheres. "Pela nossa tendência de 'irmos ficando' nos lugares, nunca partíamos para Mar del Plata em dezembro, como desejávamos, nem nos primeiros dias de janeiro. De lá minhas amigas me solicitavam, por carta e por telefone. Eu alegava inconvenientes circunstanciais, na maioria das vezes, confesso, doenças de Silvina... Em Mar del Plata eu tinha que dividir manhãs e tardes entre uma e outra amiga; ou entre as amigas e Silvina. Íamos em dois automóveis, para que Silvina não precisasse de mim para ir à praia ou comprar coisas no centro. Em Mar del Plata comecei muitos amores; com algumas, preparamos ali o que se concretizaria depois em Buenos Aires... Eu costumava ficar até maio. De Buenos Aires, os amigos me solicitavam... Às vezes as amigas queriam me tirar de casa à noite. Eu tentava fugir, porque Silvina ficava ansiosa e porque tresnoitar sempre me trouxe tristeza e medo; talvez um sentimento de culpa. No fim da temporada, Silvina e eu costumávamos ir ao cinema à noite. Levávamos conosco uma empregada. Para mim, ir ao cinema com Silvina nunca foi tresnoitar... Em Mar del Plata fui feliz. Comia-se com fome, nadava-se com prazer e tomava-se sol. Não sei por que eu sentia que lá fazíamos amor prodigiosamente, como se o sol e o mar dessem um tom épico a nossos corpos. Em Mar del Plata escrevi boa parte de *O sonho dos heróis*, inventei os contos de *Cavar um fosso* e *O grão-serafim*, comecei o *Diário da guerra do porco*."

Um dia chegou àquela casa uma cadela resgatada da rua, Diana, uma pastora-alemã, companheira dos últimos anos de Silvina, que seus amigos lembram como horrível e fedida, e a quem sua dona adorava como se fosse a deusa com cujo nome a batizara.

Em suas *Memorias*, Bioy não deixa registro do que Silvina escreveu ali; talvez não soubesse. Silvina nunca manteve um diário – nem pessoal nem literário –, e é difícil especificar onde escreveu seus contos, que às vezes passavam por várias versões e correções, que ela sempre publicava a destempo, que levava junto para todos os cantos.

ELA ERA MUITO ORIGINAL

A primeira coisa que faz alguém que tenha conhecido Silvina Ocampo, não importa se profunda ou superficialmente, é imitar sua voz. De cabra, rachada, descrevem alguns; trêmula ou com ecos, dizem outros; fanhosa, mais apta ao francês do que ao castelhano. Há uma verdadeira competição por quem imita Silvina melhor. "Edgardo Cozarinsky acha que se sai muito bem", diz Francis Korn, "mas Silvina falava como eu." Então ela abre a boca e sai um som indefinível, entre a gagueira e o balido, de volume baixo e tom irônico e queixoso, uma voz estranhíssima, quase assustadora em sua mediunidade.

A segunda coisa que faz alguém que tenha conhecido Silvina Ocampo é contar sua Anedota Silvina. Todos têm uma. Todos riem feito loucos depois de contá-la. "Ela era muito original", costumava dizer Bioy Casares, tentando ser cavalheiro, elegante, tentando não dizer que sua esposa era excêntrica. Hilária, imprevisível, engraçada, perversa: todos os adjetivos da surpresa perpétua. Em uma entrevista para Leila Guerriero, Juanjo Hernández dizia: "Ela era... insólita. Levantava-se muito cedo, e uma manhã, às seis e meia, ela me telefona e diz: 'Te acordei?'. Claro que tinha me acordado. 'Não', eu disse, 'não me acordou.' 'Está sozinho?' 'Sim, estou sozinho.' 'Tem certeza?' 'Tenho.' Silêncio. Ela diz: 'Ai, estou ouvindo uma respiração de leão do seu lado'. 'Ah, sim', digo a ela, 'o que acontece é que tem duas camas e uma pessoa ficou para dormir e ronca um pouco.' Silêncio. 'Eu conheço essa pessoa?' 'Não, não conhece.' 'Que sexo tem?', me pergunta. E eu respondo: 'Silvina, como você acha que eu vou perguntar o sexo de uma pessoa que vem dormir na minha casa? É uma indelicadeza'. E ouço um uivo de prazer diante dessa resposta".

Um encontro com Silvina podia ser surrealista, podia ser inquietante, podia ser brincalhão. A cenógrafa Esmeralda Almonacid – que morreu em 2011 – contou a Adriana Mancini no livro *Escalas de pasión* (Norma, 2003) como ficou impressionada com aquela pessoa "adulta" e aristocrática quando a conheceu em Paris: um adulto rico que não se parecia com nenhum dos adultos ricos e empolados que ela, também uma menina rica, conhecia: "Um dia ela chegou inesperadamente de visita e convidou minha mãe, minha irmã María e eu para darmos um passeio com ela. Pegou um táxi assim que desceu, porque morávamos num apartamentinho em Paris, e seguimos em direção ao Bois de Boulogne. Ela era tão surpreendente! Nós éramos meninas, gente grande para nós era gente grande, mas aquilo era totalmente atípico. Do banco de trás onde estava sentada, Silvina começou a dizer ao motorista enquanto estávamos no bosque: 'À *droite! À gauche!*'. Ela queria pegar os caminhos estreitos, mas sempre que dizia '*à droite*' o caminho estava '*à gauche*' e vice-versa. Nós, que éramos crianças, dizíamos 'mas que aventura é essa?', e estávamos num grau de ansiedade e fascínio que não conhecíamos. O motorista ficando cada vez mais furioso e ela cada vez mais faceira, porque à medida que o senhor se irritava, mais ela dizia '*à droite*' e o senhor respondia '*oui*' e não havia nada, havia uma árvore, era preciso virar bruscamente à esquerda".

O jornalista e romancista Marcelo Pichon Rivière se lembra da eterna estranheza da relação entre Silvina e a comida: "Um dia, por volta das seis da tarde, Enrique Pezzoni e Edgardo Cozarinsky foram visitá-la. Quando anoiteceu e os dois amigos quiseram comer, ela disse que não tinha nada para cozinhar e trouxe tangerinas. De repente, jogou uma para Enrique, que pegou a fruta e jogou-a de novo. Assim, de repente, sem parar de falar, como se nada estivesse acontecendo, continuaram com o jogo e com as tangerinas voando pelo ar. Aquilo era um encontro com Silvina". Aquela noite, possivelmente, não jantaram. Outra noite, lembra Marcelo, Silvina estava tão fascinada com o resultado de seus experimentos culinários que tinha arroubos líricos levemente asquerosos: "Na copa do apartamento da rua Posadas, enquanto servia com absoluta formalidade um suflê de queijo e deixava-se envolver pelo cálido aroma da bandeja fumegante, disse com paródica sensualidade: 'Que vontade de enfiar a cabeça aí dentro'".

Silvina se escondia – às vezes bem, às vezes toscamente – das visitas. Diz a lenda que durante anos gravou secretamente as conversas de suas visitas com algum gravador oculto no apartamento da Posadas. Com frequência mandava dizer que não estava e não era nada discreta. Sylvia Molloy lembra em seu artigo "Para estar en el mundo": "Pouco antes de publicar meu primeiro romance, tive uma conversa com Silvina. Telefonei assim que cheguei a Buenos Aires, como de costume, e ela me convidou para tomar chá na casa dela no dia seguinte. Quando toquei a campainha, a empregada que atendeu me olhou espantada. Ficou claro que eu não era esperada e que Silvina tinha se esquecido. A empregada me fez esperar no hall e sumiu na cozinha. Dali me chegaram fragmentos de uma conversa agitada, na qual reconheci a voz de Silvina. 'Em dez minutos você entra e diz que tem alguém me procurando.' Planejavam a estratégia para se livrar de mim. Depois a conversa cessou e Silvina entrou, distraída. Ao me ver, seu rosto mudou. 'Ah, era você', me disse, quase num tom de reprovação, como se eu tivesse culpa da falcatrua que ela acabava de tramar. E então, em direção à cozinha: 'Tudo bem, não precisa fazer nada'".

Ela também marcava com os amigos e, quando chegava a hora do encontro, desistia, se assustava, se arrependia. Ou então organizava encontros fora de casa, em seus passeios-fetiche. Conta Edgardo Cozarinsky: "Superados os primeiros convites para jantar no apartamento da rua Posadas, começamos a nos encontrar em outros lugares, geralmente inesperados para mim, e que suscitavam nela não sei que associações: por exemplo, o Roseiral de

Palermo. Cheguei lá numa tarde de primavera por volta das seis horas e a vi conversando animadamente com um homem envolto numa capa de chuva suja e gasta. Hesitei em me aproximar, mas, ao me ver, ela me cumprimentou com um sorriso e acenou, me chamando. Me apresentou como um jovem escritor. O homem, que não demorou em se retirar, foi apresentado como 'o exibicionista do Roseiral'. Uma vez sozinhos, Silvina me explicou que ele tinha medo dela: 'A primeira vez que abriu sua capa de chuva, pedi para ele esperar um minuto e coloquei meus óculos'".

Era obcecada por cachorros e baratas. Principalmente por Diana, a cadela resgatada da rua em Mar del Plata, que se tornou sua paixão e até mesmo sua musa. "Tenho um poema para Diana, que era minha cachorra. Gosto dele porque escrevi com muita emoção, mas tenho que procurá-lo em alguma gaveta. Mas uma gaveta é uma das coisas mais distantes que há no mundo", disse à sua amiga Noemí Ulla.

Costumava levá-la para passear com Jorge Torres Zavaleta, que recorda especialmente a falta de graça, o mau humor e a catinga da cachorra: "O pelo era áspero, e talvez por causa de algum produto químico, ou porque Silvina raras vezes lhe dava banho – dizia que a cadela estava doente dos brônquios –, exalava um cheiro forte e nada aristocrático. Seus olhos eram opacos. Ela não tinha nenhuma das características mais simpáticas dos cachorros; apesar do seu gênio ruim, era apática. Na verdade, era quase budista em relação a tudo que não fosse sua dona. Quando Silvina a chamava, Diana respondia com desinteressados movimentos de rabo. Com os outros, nem isso. Silvina se preocupava com a cachorra: levava-a para passear cedinho, às sete da manhã, se perguntava se estaria comendo bem, lhe atribuía caprichos inauditos, em suma, a transformava em um pretexto para a fabulação e as invencionices mais exorbitantes. Um meio-dia, estávamos caminhando pela rua defronte à casa e Diana ia na nossa frente, como se estivesse drogada. 'Estou apreensiva', disse Silvina. 'E por quê?' Em tom de crítica, Silvina respondeu: 'Não vê que o rabo dela está muito torto?'. E como lhe pareceu necessário esclarecer o conceito, acrescentou: 'Quando está doente, ele fica torto'. E em seguida completou: 'Quanto mais doente, mais torto'". Também sonhava com cachorros, segundo contou a Noemí Ulla: "Uma vez sonhei com uma piada muito meiga. Era meu cachorro mais querido, eu estava com ele no sonho, na rua, e vi um senhor para quem eu dizia: 'Meu cachorro sabe cantarolar todas as sinfonias'. O senhor se mostrou muito interessado e quis ouvir. Falei para o cachorro cantarolar a Quarta de Brahms. O senhor chegou bem perto e disse: 'Mas como soa baixinho'".

As baratas pululavam pelo apartamento da rua Posadas. Silvina aprendeu a conviver com elas. Às vezes as usava, também, para fingir que não estava, para se esconder. Conta María Moreno: "Certa vez, para explicar sua demora em abrir a porta do apartamento, me disse: 'Não ouvi a campainha. Nessa casa os sons são tão baixos como as vozes que Joana D'Arc ouvia. Devem ser as baratas que abafam a campainha'. Mergulhei em uma longa e detalhada digressão sobre a variedade, a insistência e a capacidade de adaptação das baratas, aliadas à sua aparência de eternidade. Ela se aproximou de mim com simulada cumplicidade e, baixando a voz, me disse: 'A barata é o Ser'. Quando Silvina via as baratas correndo pelas paredes da cozinha, uma corrida habitual, costumava dizer: 'Tinha que botar uma camisola nelas'".

Em seu artigo "Para estar en el mundo", Sylvia Molloy escreve: "Eram conversas aparentemente desordenadas, *à bâtons rompus*, como diria sua irmã ou talvez ela mesma, mas que, relembradas retrospectivamente, adquirem – como tudo o que diz respeito a Silvina – uma ordem profunda e inesperada, uma inegável razão de ser. Aquela tarde, contei a Silvina que meu romance estava prestes a sair e ela perguntou, com aquela sua enunciação inconfundível, como se chamava. *'En breve cárcel'*,[28] eu disse. Ficou pensando, inclinando a cabeça com um gesto muito próprio: 'Não gosto', foi o veredito. Incomodada, respondi que eu gostava, e que além disso era tarde demais para mudar. Por outro lado, falei, pretensiosa, que era uma citação de Quevedo. 'Como você disse que era o título, mesmo?', falou em seguida. *'En breve cárcel'*, respondi secamente, já bastante irritada. 'Ah', disse ela, 'tinha entendido *em breve câncer*.' Não é que *'em breve câncer'* lhe parecesse um disparate. Simplesmente não gostava. E dizia aquilo para mim. Ela tinha conseguido desinflar tanto meu ego quanto minhas pretensões literárias, não para me colocar no meu lugar, como se diz vulgarmente – manobras autoritárias eram totalmente alheias a Silvina –, mas para me fazer enxergar outras possibilidades, só isso, com aquela

---

[28] [N. da T.] *Em breve cárcere.* Ed. Iluminuras, 1995. Tradução de Heloisa Jahn.

simplicidade que era uma das formas mais complicadas, talvez a mais implacável, de sua irreverente inteligência".

MINHA VIDA NÃO TEM NADA A VER COM O QUE ESCREVO

Como ocorre com muitos outros aspectos da vida de Silvina Ocampo, há uma discussão – e um mito – em torno de como sua obra literária foi recebida enquanto ela era viva. Em seu artigo "La literatura del dudar del arte" (*História crítica de la literatura argentina*, volume 9, Emecé, 2004), Adriana Mancini defende que a obra de Silvina foi deixada de lado, posta, se não à margem, pelo menos em um lugar tangencial. Escreve: "O primeiro livro de Ocampo, *Viaje olvidado*, foi publicado em 1937 pela Sur, editora fundada por Victoria Ocampo; o último, *Cornelia frente al espejo*, foi editado em 1988 na Espanha pela Tusquets. Entre estas duas datas apareceram, ininterruptamente, seus outros livros de contos e de poemas, obras em colaboração, antologias editadas tanto na Argentina quanto no estrangeiro, traduções de seus contos ao francês, italiano, alemão, inglês. No entanto, esse itinerário profuso não corresponde ao escasso interesse que sua obra despertou nos críticos até a década de setenta, nem ao desconhecimento do público até o final dos anos noventa, quando todos os seus livros de contos, alguns deles esgotados por muitos anos, foram reeditados pela editora Emecé. Os motivos que pretendem justificar a atenção tardia a uma autora que encantava os jovens poetas e escritores do seu restrito círculo de amizades – Wilcock teria comparado Ocampo com Borges

– baseiam-se, sobretudo, na construção de uma imagem eclipsada pelas figuras dominantes da cultura argentina; sustentam-se na prática de uma vida reclusa amparada no mistério, mas também na irreverência; originam-se de uma literatura que desde o início desafia com desfaçatez a estética vigente".

Mancini não é a única que lamenta a falta de reconhecimento. Seu amigo jornalista e escritor Marcelo Pichon Rivière escrevia em 1974, na revista *Panorama*: "É de se esperar, agora ou em um futuro próximo, que este milagre – o sucesso de Bioy e de Borges – também inclua Silvina, seria um mínimo ato de justiça, porque é incompreensível que ainda não se fale dela como uma grande escritora". E, um ano depois, na mesma revista: "Ela é a única do grupo Sur que não foi tocada pela fama... *Autobiografía de Irene*, livro fundamental da narrativa argentina, é pouquíssimo conhecido; seu último livro de contos, *Los días de la noche*, teve o mesmo tratamento, uma avassaladora indiferença". Mas seu testamenteiro, Ernesto Montequin, questiona essa ideia de "avassaladora indiferença".

Em um bar da avenida Corrientes, interrompido pelo ruído estrondoso de uma máquina de café, Montequin – que passa horas no apartamento do centro de Buenos Aires onde estão guardados os papéis de Silvina Ocampo – afirma que essa indiferença é uma suposição:

— A ideia de que suas obras se perdiam num limbo de indiferença generalizada é parte desse mito insistente que se construiu em torno de Silvina, com a colaboração dela própria. É verdade que alguns livros foram mais comentados do que outros, mas as resenhas não são escassas.

Como exemplo, ele cita as reedições, a seus cuidados, da obra de Silvina na editora Lumen. Escolhe, ao acaso, *Los días de la noche*. Ali, no final, há resenhas bibliográficas da primeira e da terceira edição, e é possível ler que Blanca Rébori resenhou o livro no jornal *Clarín* em 28 de janeiro de 1970, e que Norberto Soares fez o mesmo na *Primera Plana* – a revista mais conceituada da época – em 15 de dezembro daquele ano.

— Em todas as reedições eu incluo resenhas. Mas em 1984 a editora Celtia publicou *Páginas de Silvina Ocampo seleccionadas por la autora*, e ali não apenas é ela quem escolhe os contos, como o prólogo é de Enrique Pezzoni, possivelmente o crítico mais importante que a Argentina já teve, e que era amigo íntimo dela. E, ao final, inclui resenhas.

Nessa antologia, a seção das resenhas leva o nome de "Opiniões críticas", e há vários fragmentos de resenhas sem data nem título. A de Borges diz: "Silvina Ocampo é uma poeta, um dos maiores poetas de língua espanhola, tanto deste lado do Oceano como do outro". A de Antonio Pagés Larraya, acadêmico, bolsista Guggenheim, ensaísta e poeta, é sobre *A fúria*, e diz: "Artista sensível, Silvina Ocampo descobre até onde o monstruoso e o irreal nos rodeiam"; a de Juan José Hernández diz: "Agora podemos arriscar uma explicação sobre o paradoxal sistema de valores morais de Silvina Ocampo: seu horror ao convencional; sua indiferença e ao mesmo tempo atração pelo bem e o mal em suas cotidianas, extravagantes encarnações".

— Tudo bem, mas não pode ser que o reconhecimento tenha sido tardio?

Montequin não tem certeza.

— Ela não era uma escritora popular, mas era tida em alta conta. Com *A fúria*, ganhou o Prêmio Municipal de Literatura. Em 1960, Abelardo Castillo dedica a esse livro uma resenha na *El grillo de papel*. Não é uma boa resenha, mas demonstra que ela era tida em conta.

El grillo de papel e *El escarabajo de oro* foram duas revistas que marcaram a vida literária argentina entre 1959 e 1974, ambas dirigidas pelo escritor Abelardo Castillo, um dos contistas mais importantes do país. Seu projeto era heterodoxo e latino-americano. Castillo escreve: "A autora sem dúvida escreve bem, tem um estilo particularmente elegante, pode ser astuta, mas não articula com exatidão o rigoroso mecanismo do conto. O círculo mágico, a realidade inventada na qual um narrador introduz aquele que lê, obrigando-o a acreditar em ressuscitadas, horlas ou pescadores sem sombra, aquilo que em Kafka angustia e em Tchekhov dilacera – a atmosfera do conto – não aparece aqui. Há, é verdade, uma constante sombria, malvada, uma espécie de frívolo draculismo que se repete em todas as histórias, mas a frivolidade não é intensa".

A crítica é demolidora. A acusação: falta de profundidade, frivolidade. No entanto, quase ao mesmo tempo, no *La Nación*, Tomás Eloy Martínez – mais tarde autor de *Santa Evita*, na época um dos críticos de maior prestígio – dedica a ela uma resenha elogiosa: "*A fúria* é uma das coleções mais intensas que o país já produziu... Uma primeira leitura de *A fúria* pode suscitar desconforto, alterações de humor, deslumbramentos. Certas frases, uma única palavra violenta desencadeiam então o estupor e a inquietude física".

Tudo isso significa que ela era tida em alta conta: era lida e resenhada pelos nomes mais prestigiados do país. Entre 1974 e 1991, autores e críticos como Borges, Italo Calvino, Enrique Pezzoni, Edgardo Cozarinsky, Pepe Bianco, Matilde Sánchez e Noemí Ulla publicaram seleções de contos e poemas de Silvina Ocampo. Alejandra Pizarnik, Enrique Pezzoni, Edgardo Cozarinsky, Sylvia Molloy escreveram textos extraordinários sobre sua obra. Por que, então, o mito da indiferença? Talvez porque a obra de Silvina Ocampo tenha coincidido no tempo com a publicação do trabalho das mais bem-sucedidas romancistas argentinas, todas elas muito populares e *best-sellers*: Silvina Bullrich, Beatriz Guido e Marta Lynch. Essas escritoras, que acabaram não sendo resgatadas pela crítica, ao contrário do lugar de enorme privilégio acadêmico que Silvina Ocampo tem hoje, vendiam dezenas de milhares de exemplares. Silvina Ocampo não: sua literatura alcançava uma parcela menor de leitores. Com os anos, talvez injustamente, essas escritoras definham em pontas de estoque, enquanto Ocampo conta com luxuosas reedições. Os motivos desses vaivéns são muitos e complexos. Sabe-se que Silvina Ocampo teria, sim, gostado que sua obra fosse mais popular. Em carta a seu amigo Manuel Mujica Láinez, autor de clássicos argentinos como *Misteriosa Buenos Aires* ou *Bomarzo*, ela escreve no dia 12 de dezembro de 1973: "Não sei se te contei do sucesso do meu livro na Itália, sucesso de crítica e de público: o próprio Einaudi[29] me escreveu uma carta para anunciar isso. Mas esse sucesso é como uma bolha de sabão cujo brilho não chega até aqui. Por que tenho tão pouco êxito no meu país? Não é injusto? Você deve ter uma explicação". E, no mesmo mês, sem nenhuma vergonha, lhe diz que quer ser bem-sucedida: "Te confesso que não me desagradaria ser vendida nas bancas de jornal como fui na Itália. Por exemplo, adoraria que um cachorro me lesse de vez em quando e abanasse o rabo como quando devora algo de que gosta. O que é o sucesso? Saber que você emocionou alguém. Claro que, quando te emociono, já sinto que é a glória, algo muito importante que influenciará a história da literatura, embora tudo que é póstumo me canse!".

Nessas cartas, Silvina Ocampo não lamenta a falta de reconhecimento crítico: lamenta não ter sucesso. Numa época que havia verdadeiros *best-sellers* argentinos, é uma queixa compreensível. Embora também seja verdade que Silvina não estava disposta a fazer o necessário para ser realmente "famosa". Não ia a lançamentos nem à rádio (apesar de ter gravado um de seus poemas, certa vez, para que fosse exibido em um programa, mas trata-se de uma exceção), nem à televisão, nem dava conferências. Não gostava de sair. Se tinha que ir a um evento público por obrigação, ficava afastada, calada. "Não sou sociável, sou íntima", dizia. Talvez esperasse que sua vida como reclusa despertasse curiosidade e, como costuma acontecer com as celebridades misteriosas, sua fama

---

[29] [N. da T.] Giulio Einaudi, célebre fundador da editora homônima.

aumentaria. Impossível saber. E embora fosse difícil entrevistá-la – às vezes mandava dizer que não estava, não gostava de gravador, queria corrigir as entrevistas ou fazê-las somente por escrito –, recebeu muito mais jornalistas do que sua fama de reclusa admite, e posou para fotógrafos também muito mais do que sua fobia de imagem supõe. Mas era definitivamente a menos midiática dos escritores de sua geração.

Dez anos depois daquela carta a Mujica Láinez, Bioy Casares anota em seu *Borges* certo aborrecimento de Silvina por não estar traduzida. No dia 15 de janeiro de 1982, escreve: "Borges, que ultimamente esteve ajudando Silvina a corrigir as traduções de Jason Weiss dos seus contos para o inglês, lhe diz severamente: 'Não sei por que te interessa tanto que seus livros sejam traduzidos'. Talvez tenha razão, mas é um pouco cruel dizer isso a Silvina. Nenhum livro de Silvina foi traduzido ao inglês. Acima de tudo, não parece certo recomendar esse tipo de discrição quando seus livros foram traduzidos para todas as línguas e você viaja de uma universidade a outra para receber títulos de honoris causa".

Judith Podlubne, outra acadêmica que dedicou boa parte de suas pesquisas a Silvina Ocampo, explica, quando consultada pontualmente sobre essa questão da indiferença, da crítica e do sucesso:

— Quando os livros de Silvina Ocampo eram publicados, quais as dificuldades da crítica em lê-la?

— Deve-se levar em conta que Silvina publica seu primeiro livro de relatos em 1937 e o último em 1988. Ou seja, sua prosa abrange praticamente a evolução da crítica literária ao longo do século XX, e é preciso ler seus desencontros (e também seus encontros) no contexto dessas modulações. Para mim é impossível conjecturar causas simples e inequívocas para esse itinerário de distâncias e aproximações. Mas há um momento inicial (e potente) desse desencontro que pode ser lido na resenha de Victoria Ocampo sobre *Viaje olvidado*. Me parece que Victoria Ocampo comete um erro muito inteligente nesse texto. A irritação que o livro lhe causa torna-a muito sagaz em sua leitura. Ela aponta como defeitos aquilo que, poderia se dizer, serão os valores que a narrativa de Silvina Ocampo inventa, e a partir dos quais ela exige ser lida. Aquele primeiro livro não é resenhado apenas na *Sur*. José Bianco ocupa-se extensamente da obra na página "Libros y autores de idioma español" editada por ele na revista *El Hogar*, e Oscar Bietti publicou uma nota na seção "Letras argentinas", da *Nosotros*. A estes comentários é preciso acrescentar o pequeno ensaio "La literatura del Dudar del Arte", que Macedonio Fernández dedicou à autora no último número da revista *Destiempo* (dezembro de 1937).

— Então ela foi levada em conta desde o início, mesmo fora do Grupo Sur.

— Sim, mas há dois momentos. O outro momento na história da recepção de sua obra ocorre com o primeiro grande encontro com leitores especializados. Digo "grande" não por ter sido um encontro muito retumbante, nem porque mudasse as condições de leitura dessa obra, mas porque são leituras que se deixam atravessar pelo "acontecimento Silvina Ocampo" no instante mesmo em que está se desenrolando. Leituras que hoje são clássicas, às quais continuamos recorrendo, com as quais continuamos dialogando. Me refiro aos textos que, entre o final dos anos sessenta e o início dos setenta, foram escritos por Alejandra Pizarnik ("Dominios ilícitos", *Sur*, 1967), Sylvia Molloy ("La exageración como lenguaje"), Edgardo Cozarinsky (a introdução da antologia *Informe del cielo y el infierno*) e Enrique Pezzoni ("Silvina Ocampo: orden fantástico, orden social", 1984). Esses textos devem ser lidos em contraste com outras leituras sobre Silvina Ocampo que estão sendo produzidas naqueles anos, e das quais a resenha demolidora publicada por Abelardo Castillo em *El grillo de papel*, sobre o lançamento de *A fúria e outros contos*, é um caso exemplar. Esse contraste mostra que, no encontro entre a literatura de Silvina Ocampo e as leituras de Pizarnik, Molloy, Cozarinsky e Pezzoni, irrompe o que chamo de "uma nova forma de sensibilidade crítica na Argentina". Uma forma resistente aos ícones culturais e fetiches ideológicos de uma época, disposta a deixar-se afetar pela estranheza ímpar da experiência literária. Uma forma de sensibilidade que, permeável ao caráter inimitavelmente "ambíguo", "radical", "exagerado", "excessivo" dessa prosa, deixou-se afetar pelo acontecimento Silvina Ocampo.

A verdade é que hoje Silvina Ocampo é um verdadeiro fetiche da academia, que lhe dedicou inúmeros trabalhos críticos, e embora continue sem vender muito, conquistou o lugar da Grande Escritora Argentina, quase sem concorrentes. Não só sua obra está quase toda disponível, como, graças ao trabalho de Ernesto Montequin, estão aparecendo textos inéditos – incluindo um romance, *La promesa* – que, longe de serem restos descartáveis, comprovam que Silvina escreveu muito, sem parar, durante a vida inteira, e que toda sua obra é igualmente peculiar, estranha, divertida, única. Bioy Casares dizia: "Silvina escrevia como ninguém, no sentido de que não se parece com nada do que já foi escrito, e acredito que não sofreu influências de nenhum escritor. Sua obra parece ter sido influenciada por si mesma".

Noemí Ulla acredita que sua obra passou, durante um tempo, pelo filtro do preconceito ideológico da academia. Diz, ainda um pouco incomodada: "Quando eu a estudava, Silvina era tabu no meio acadêmico, exatamente o contrário do que acontece hoje. Naquele momento, não era lida nem respeitada. Quando publiquei meus livros sobre ela, a coleção de ensaios *Invenciones a dos voces*, de 1992, e *Conversaciones con Silvina Ocampo*, de 1982, houve reações contrárias. Na faculdade não se lia Bioy nem Borges, muito menos Silvina, que não era tão conhecida. Você tinha que escrever ou se interessar pela literatura comprometida, em termos sartreanos. Inclusive, saíam matérias em revistas da faculdade me criticando por estudar Silvina Ocampo. Houve muitas ofensas. Na universidade, a moda ditava que era preciso ser realista. A única corrente válida era aquela. As obras que você devia admirar tinham que ser testemunhais. Eu me sentia muito sufocada por essas imposições. Quando estudava Letras, tanto nos professores como nos alunos a censura consistia em proibir os escritores 'puros'. Era preciso ser muito corajoso para ler autores da 'oligarquia'. Ainda por cima, eu tinha um pensamento político progressista. Então era tudo muito complexo".

Noemí Ulla não quer citar os colegas da faculdade que a ofenderam. Hoje, a literatura de sua amiga – seu próprio objeto de estudo durante tantos anos – é das mais valorizadas em quase todas as áreas.

Ernesto Montequin diz que o mais difícil de organizar em seu arquivo é, justamente, a desorganização. Que existem alguns textos datilografados e datados, mas não são tantos. E que há muitos papéis soltos. Silvina escrevia em qualquer papel que encontrasse e o enchia de texto: uma receita médica, uma bula, um convite. Em cada papel, um poema ou anotações para um conto. "Não participei da mudança do apartamento da rua Posadas, que foi muito vertiginosa pois tiveram que vendê-lo rapidamente", conta Montequin. "Tem novecentos metros quadrados e tiveram que retirar tudo às pressas, sem muita antecedência. A mobília, os papéis, a biblioteca foram parar em um depósito de móveis e lá ficaram por um ano e meio ou dois. A impressão que tive ao abrir as caixas foi a de que os papéis estavam em gavetas que foram esvaziadas. Silvina era muito desorganizada. Embora tivesse secretária, perdia manuscritos dentro da própria casa. Eram puros papéis soltos: eu levava muito tempo para montar o original de um conto, era como um quebra-cabeça, como se tivessem jogado as páginas pelos ares."

Silvina, confirma Montequin, não mantinha um diário pessoal nem literário. "Escrevia muitas anotações, alguma lembrança muito concreta, mas, pelo menos o que encontrei em seus manuscritos, são sempre rascunhos de contos, de poemas e notas soltas. Ela não tinha o tipo de personalidade literária para manter um diário. O mais próximo disso é *Ejércitos de la oscuridad*, um caderno de anotações, uma espécie de diário poético em que ela registra pequenas recordações, opiniões, argumentos, que publicamos em 2008 pela editora Lumen."

Também era, conta ele, muito secreta com a escrita. "Dizia: 'sou como os animais, escondo o que mais gosto'. Por isso também resistia a publicar, tinha uma sensação de posse e de perda quando algo era publicado. Aliás, em suas viagens à Europa, costumava levar os manuscritos na mala. Sua relação de posse com a escrita era física. Tinha dificuldade de entregar um original; inclusive, pedia às editoras que os devolvessem."

Talvez os únicos escritores em quem ela confiava como editores eram Pepe Bianco e seu marido. A Bianco, demonstrou sua confiança quando viajou à Europa nos anos setenta e deixou-o encarregado das provas de impressão de *Los días de la noche*. Desde muito antes, tinha nele um confidente literário. Escreveu-lhe em uma carta de 1941, quando Bianco era editor da *Sur*: "Pode anunciar meu poema para o próximo número da *Sur*, o único prazer que ele me proporcionou foi o de poder enviá-lo a você. Embora seja um poema péssimo, talvez me diga que é bom e depois de alguns dias descobrirá todos os seus defeitos. E eu que sou modesta deixarei de sê-lo e te insultarei levemente ao ouvir suas críticas desfavoráveis. Não consigo escrever! Você já vai notar ao ler meu poema (e minha carta)". E em dezembro daquele mesmo ano: "Escrevi alguns poemas que não posso mostrar nem a mim mesma. São longos, são maçantes, são horríveis. Eu choraria diante deles se pudesse chorar". Ela também conta sobre as atribulações do trabalho à sua irmã Angélica. Em 1949, lhe escreve em uma carta: "Por que, há algum tempo, tudo o que acontece na minha vida me acontece anacronicamente? Se tenho muitos argumentos para meus contos, temas para escrever poemas intermináveis, não encontro a tranquilidade para escrevê-los. Penso no entanto em dias vazios, tranquilos diante das páginas em branco, quando teria dado minha vida pelas imperfeições de um argumento".

Com Bioy a relação era mais direta: ele era seu primeiro leitor. Mostravam e comentavam os escritos entre si. "Não abusei da proximidade de Silvina, mas nunca publiquei nada sem antes mostrar a ela", dizia. E Silvina: "Em geral sigo suas observações, mas às vezes, quando ele me diz que deveria excluir uma passagem ou contar algo de outro modo, deixo como está e frequentemente tenho razão".

Montequin conta que encontrou vários papéis de Silvina com sugestões de Bioy: "São sempre de forma, nunca de conteúdo. Ele fazia correções sensatas porém formais, de estilo. Algumas ela aceitava – mais tarde aparecem diferentes em outra versão –, mas muitas não. E ele ficava escandalizado com certos contos. Silvina nunca cedia à perplexidade de Bioy diante de algum de seus contos mais pervertidos".

Silvina pareceu ter encontrado outro cúmplice, leitor, amigo e alma gêmea em Juan Rodolfo Wilcock. Em 1956, publicaram *Los traidores*, uma peça de teatro irônica e lírica que recria um episódio da história de Roma e zomba de várias tradições da dramaturgia, piadas difíceis de detectar para quem não tivesse o humor ou a insana e copiosa formação literária de Wilcock e Silvina. Ela dizia:

"Gostávamos da história romana, tão estranha e atual, onde os protagonistas se amam e se detestam, nunca dizem o que pensam e pensam coisas absurdas... Queríamos que a peça fosse lida como uma tragédia comovente e ao mesmo tempo cômica, de uma graça tosca e um pouco besta".

— Ela e Wilcock tinham muito em comum, além da amizade – diz Montequin. — Usavam a ironia romântica, aquele olhar para os sentimentos sem sentimentalismo, uma coisa muito inglesa, que eles compartilhavam.

Mas quando Wilcock foi morar na Itália, em 1957, a distância esfriou a amizade e a cumplicidade literária. Wilcock a admirava fervorosamente: "Silvina é um Borges, pensa e escreve como um homem, é um dos melhores escritores da Argentina", dizia, ignorando o politicamente correto e a carga machista do elogio.

Com Borges, a relação como escritores era complexa. Silvina, Borges e Bioy compilaram em 1940 a *Antologia da literatura fantástica* – pioneira absoluta na Argentina e na América do Sul – e, em 1941, a *Antología poética argentina*. Mas o quanto Silvina participou da ideia e das decisões depende de quem conta a história. Ela atribuía a si mesma a ideia integral da antologia fantástica: "Fiquei entusiasmada com as antologias de contos de terror, contos policiais e fantásticos que existiam na literatura inglesa. Havia muitas coisas de fantasmas e eu disse: 'Por que não fazemos uma aqui, onde isso não existe?'. A ideia partiu de mim". Mas Borges, anos depois, disse em uma entrevista: "Eu e Bioy fizemos esse livro, ela realmente colaborou pouco". Havia certa competição, que fica clara em algumas entradas do *Borges* de Bioy. Silvina questionava o critério de Borges, como na entrada do dia 20 de agosto de 1971: "Borges janta em casa. Digo a ele que tem um conto (do concurso) relativamente bom. Silvina elogia tão enfaticamente que desperta resistência em Borges. Depois de lê-lo, ele observa: 'É desproporcional. Há partes muito longas e outras demasiado curtas'. Silvina: 'É de propósito'". Borges critica Silvina, ainda que de leve, na frente de Bioy, como se pode ler na entrada de 7 de junho de 1958: "Borges: 'Às vezes você é muito verbal, quase uma escritora francesa'". Borges parece querer ofender Silvina, que se faz de boba. Diz a entrada do dia 1º de julho de 1971: "Borges: '... por exemplo, se você encontra num livro uma sequência de títulos como A primavera, O verão, O outono, O inverno, desconfia que o autor começou pelo índice'. Não digo nada, mas mentalmente espero que ele não continue. Parece ter se proposto a falar do livro de Silvina no prelo, *Amarillo celeste*, que o escuta sem dar um pio".

A opinião mais famosa de Borges sobre a obra de Silvina está incluída em seu prefácio para *Faits divers de la Terre et du Ciel*, a antologia de contos de Ocampo publicada na França em 1974 pela Gallimard. Borges escreve: "É curioso que seja eu, cujo modo de narrar consiste em reter apenas elementos essenciais, a apresentar uma obra tão sábia, tão iriada e complexa e ao mesmo tempo comedida... Nos contos de Silvina Ocampo há um traço que ainda não compreendi: um estranho amor por certa crueldade inocente ou oblíqua. Atribuo esse traço ao interesse, ao assombrado interesse que o mal inspira em uma alma nobre".

Talvez o crítico que mais lucidamente desmontou esse ardiloso elogio de Borges tenha sido José Amícola, que escreveu: "O comentário de Borges sobre a crueldade serve de documento para estabelecer quão pouco havia mudado a consideração sobre a escrita de mulheres dentro das raias da cidade letrada até a segunda metade do século XX. Borges parte da suposição de que uma jovem da alta burguesia não pode expressar nada que ultrapasse os limites da ternura e do amor... Mas o prefácio também faz alusão ao divisor de águas entre seus próprios contos e os de Silvina, ao apontar que os dele se atêm ao essencial. Essa afirmação permite ler nas entrelinhas de que maneira o outro aspecto incômodo dos textos que Borges comenta também diz respeito à suposta incapacidade dessa autora de expressar as sublimes essências do gênero conto, segundo a tradição das plumas masculinas".

Silvina Ocampo não deu aulas de literatura e também não costumava ler escritores jovens, nem mesmo seus amigos. Mas alguns tiveram inesperadas lições, como a que Edgardo Cozarinsky descreve em seu livro *Blues*: "Ela era leitora assídua do jornal vespertino *La Razón*, cuja chegada esperávamos impacientes para ir direto às notícias policiais. Saboreava avidamente os eufemismos comuns na época: 'brutal defloração' ou 'inclassificável atentado' para estupro, 'amoral' para homossexual, mulher 'de vida fácil' para sexualmente ativa. Citava como exemplos de economia narrativa e elipse os subtítulos das manchetes: por exemplo, debaixo de 'massacre em aniversário', lia-se

'Vicente não quis abrir a garrafa de sidra, dois mortos, sete feridos'. Aquele jornalismo alimentou indiretamente muitos de seus contos". Silvina também deu aulas improvisadas a Jorge Torres Zavaleta, então com dezessete anos: "Caminhávamos, por exemplo, pela praça. Eu lhe mostrava um conto recém-escrito e ela me fazia entender que o que eu mais gostava era aquilo que estava mal-escrito. Com sua voz, que ecoava cada uma de suas palavras, me dizia que eu ainda não tinha entendido que escrever dava muito trabalho, e uma vez, quando lhe mostrei vários contos, ela disse que era como se eu quisesse jogar polo com tacos de croquet. Ao mesmo tempo, sugeria alternativas enquanto me explicava que as coisas que estão mal-escritas desde o início adquirem uma consistência de pedra. Também me dizia que sempre se deve escrever contra algo; um defeito próprio ou uma falha do conto, e agora suponho que ela também quisesse dizer que a plena consciência de um erro é a única coisa que permite dissimulá-lo e superar essa corrente adversa, que muitas vezes também é uma característica do gênero específico que estamos experimentando. Você tem que ser seu próprio antídoto, me dizia Silvina às vezes". Outros ficaram na vontade ou simplesmente a conheceram tarde demais, como Esther Cross, que a recorda assim: "Eu estava colaborando com Grillo della Paolera em um livro sobre Bioy intitulado *Bioy Casares a la hora de escribir*; eu tinha vinte e seis anos. Ele insistiu para que eu criasse coragem de mostrar um conto a Silvina. Me deu uma vergonha terrível, mas obviamente não resisti. Passei uma semana escolhendo o conto, corrigindo-o. Passei-o à máquina, isso deve ter sido em 1986.

Quando criei coragem e fomos visitar Bioy por conta do livro, abordamos Silvina. Ela disse que claro, que queria lê-lo, que eu deixasse o conto com ela. Pegou-o, enfiou-o dentro de um livro de jardinagem, guardou o livro numa estante e saiu andando de viés pelo corredor".

Silvina teve uma secretária desde 1940 e até depois de sua morte, porque Bioy continuou lhe entregando manuscritos para que os passasse a limpo. Seu nome era Elena Ivulich. Durante os cinquenta anos de trabalho em comum, Elena nunca deixou de tratar Silvina Ocampo como "senhora". "Ela queria ser chamada de 'você', mas eu preferia assim", diz em *Las dependencias*, documentário filmado pouco antes de que Elena também morresse. Ali, Elena conta o método de trabalho de Silvina. "Ela me pedia para procurar tal palavra no dicionário, me fazia copiar o que havia escrito e, no meu tempo livre, organizava sua biblioteca. Eu datilografava tal conto ou poesia e então ela corrigia de novo, eu voltava a copiar, ela voltava a corrigir. O trabalho a ajudava. Silvina Ocampo não demonstrava o que se passava dentro dela. Às vezes eu a via séria, mas percebia que não era nada pessoal comigo, que havia algo de errado, mas ela se enfurnava no trabalho e esquecia." Depois, um tanto melancólica, Elena diz: "Eu gostava do que a senhora Silvina escrevia, só não entendia muito bem".

Mas quem mais falou sobre escrita com Silvina Ocampo foi Noemí Ulla, em suas *Conversaciones*. Ela lhe disse: "Minha vida não tem nada a ver com o que escrevo". Disse que os atos mais cruéis de seus contos eram tirados da realidade, das notícias ou de coisas que haviam lhe dito. Contou que escrevia muitas horas seguidas e que o trabalho a descansava. Explicou seus mecanismos: "Às vezes entro em um conto sem saber como vai terminar, para mim basta uma ideia que me fascinou, um personagem de que gostei, uma época, um país, qualquer coisa desse tipo; mas outras vezes penso um conto total. Em algumas ocasiões, montei-o quase inteiro, e é perigoso porque você o tem dentro de si e acha que ele já existe, que é um objeto sólido já pronto, e é perigoso contá-lo ou comentá-lo – pelo menos acontece comigo – porque depois sou capaz de não escrevê-lo, porque ele já vive fora de mim". Silvina lhe disse que acreditava na inspiração: "Há quem diga que isso não existe. Eu acho que existe. Você pode procurar desesperadamente por ela. Se não estiver atento, é capaz de perdê-la". Contou que estava sempre escrevendo: "Quando estou inquieta com alguma coisa escrevo poemas, porque não existe o problema do final e do começo. Escrevo em papeizinhos e os perco, viciosamente. Quando encontrá-los, publicarei. Enfio tudo em gavetas. Tenho o suficiente para fazer um livro com esses papeizinhos". Não costumava citar os escritores de que gostava, mas falou de Djuna Barnes e Clarice Lispector: "Ela veio à feira do livro e quis me conhecer, eu não pude ir aquele dia e senti muito. Uns amigos foram ao Brasil e dediquei a ela alguns livros para que os levassem à sua casa. Era uma mulher que tinha sentimentos afins. Um pouco excêntrica, muito espirituosa. Eu gostava de como ela escrevia. Tinha essa coisa evanescente que era seu charme. Li uma entrevista na qual ela dizia que não lhe interessava ter uma grande fama de escritora, o que lhe interessava era sua casa. Também gostei muito de um livro de Djuna Barnes, *No bosque da noite*. Quando Enrique Pezzoni foi para os Estados Unidos, pedi que a visitasse, mas ela estava em uma casa totalmente destruída, atendeu-o de dentro e ele não pôde vê-la. Eu queria saber o que havia acontecido com ela, aquela era minha urgência. Seus livros não estavam em Paris nem em Londres. Sequer sabiam quem ela era. Não teve sucesso de nenhum tipo".

Também gostava de Julio Cortázar: conheceu-o pessoalmente em 1973 e, quando Cortázar morreu, dez anos depois, escreveu: "Julio era um escritor muito estranho e particular, livre de manias ou de aceitação, e muito sensível. Teve ou tem grande influência sobre nossa literatura, me influenciou no uso da primeira e da terceira pessoa, o que tem me trazido grande alívio. A morte de Julio me parece uma incongruência, seus olhos tão separados um do outro tinham no entanto uma nostalgia (mesmo que falasse de coisas materiais) de outro céu, de outra literatura, de outro mundo quase palpável".

SEMPRE BRINQUEI DE SER O QUE NÃO SOU

Aos oitenta e quatro anos, dezessete depois de *Los días de la noche*, Silvina Ocampo publicou *Y así sucesivamente*. Durante aqueles dezessete anos prévios, publicou poesia, histórias infantis e até um belo romance curto juvenil, *La torre sin fin*, um relato de iniciação sobre um menino encerrado numa torre pelo diabo.

Y así sucesivamente, desde seu estranho título, anuncia certa continuidade inexorável de temas e obsessões. Os monstros como heróis: se em Silvina Ocampo a marginalidade – qualquer marginalidade – confere uma aura de heroísmo e prestígio, por vezes malditos, a deformidade também o faz. É com os seres subalternos que ela se identifica – ela, que nunca quis o centro. "La música de la lluvia" é protagonizado por uma pianista que toca com os pés um concerto inspirado na água; dito assim, parece um conto estranho, mas é mais do que isso: é um conto cheio de confusão e distorção, angustiante em seu humor crispado. E depois estão as metamorfoses: os personagens mutam cada vez mais, e cada vez mais Silvina Ocampo quer que sejam outros. Em "El automóvil", uma mulher que ama carros e corridas se transforma em um carro; seu amante, desesperado, busca o som do seu motor pelas ruas de Paris em um final absurdamente comovedor. No literal "El sombrero metamórfico", quem puser o chapéu na cabeça vira mulher se for homem e vira homem se for mulher. Em "El rival", é um amante feio que se transforma em onça. Em "Las conversaciones", os personagens trocam de sexo durante o conto, e em "Pier" se dá o caso mais explícito e bizarro: a metamorfose é uma mudança de sexo, mas quem muda é um objeto, um trapo.

No entanto, há algo muito diferente nessa coleção de contos. A cada tanto, Silvina Ocampo abandona a trama e irrompe outra voz, comentando, pensando em voz alta. A pessoa narrativa é cada vez mais irrelevante. E irrompe com reflexões que vão do absolutamente insano ao serenamente filosófico. Em "Pier", por exemplo, escreve:

"Existem coisas mais deliciosas do que a carne, e a prova disso é que uma mão normalmente não se come. Uma mão nunca, nem mesmo quando acaricia ou castiga, se come. Mas essa mesma mão seria comestível sem pele, cozida?". Depois é reflexiva, calma, a voz de uma anciã experiente, não de uma anciã senil: "A solidão é uma riqueza que o mundo perdeu. Ninguém quer estar só. A solidão se tornou agreste, perigosa até. Antes, era o canto dos rouxinóis, a brisa sob as árvores. Numa cama era o coito, era o gosto do que iria acontecer amanhã, talvez depois de amanhã, talvez nunca. Agora, quer que eu lhe diga o que é? É a bomba d'água que entupiu, é a corrente elétrica que não funciona, é o telefone que toca da parte de ninguém ou de um senhor que poderia se chamar senhor Ameaças, os passos nas lajotas frias de um atrevido que entra para matar alguém e se esquece que o motivo de um crime é um roubo e deixa os armários quebrados com as fechaduras violadas".

Também, claro, há perversões soltas. A compositora morta, de cujo corpo já no caixão sai uma melodia; o desejo de ser estuprada em "En el bosque de helechos": "Talvez tenha me apaixonado por um gladiador, que depois de me violar bruscamente me deu uma bala. Não havia balas naquele tempo, mas tenho o costume de chamar de bala qualquer coisa doce e pegajosa que existe na natureza: um figo muito maduro, vermelho como o coração aberto de uma menina".

Um ano depois de *Y así sucesivamente*, em 1988, Silvina publicou seu último livro de contos, *Cornelia frente al espejo*. Tinha oitenta e cinco anos e já sofria de alguns sintomas de Alzheimer. Matilde Sánchez escreve em "El etcétera de la familia", matéria publicada no jornal *Clarín* em julho de 2003: *"Cornelia frente al espejo* e *Y así sucesivamente* são caracterizados pelo seu absoluto descaso com as mínimas convenções literárias, como iniciar e terminar o ponto de vista na mesma pessoa. O longo conto que abre *Cornelia* é uma peça teatral de um único personagem duplicado. Suas réplicas lembram algum romance de Ivy Compton-Burnett e, em alguma medida, *Maldição eterna a quem ler estas páginas*, de Manuel Puig. Nos outros contos, tampouco sobra muito de trama, e a narrativa se reduz à passagem de uma voz através de um palco. Vozes em *off* num bosque de samambaias".

"Cornelia frente al espejo" é um dos relatos mais belos de Silvina Ocampo, e um dos mais estranhos. Cornelia volta à mansão da família para se suicidar, para se envenenar. Ali, recebe as visitas de uma menina, de um ladrão e de um homem que talvez venha para matá-la, mas que se apaixona por ela. O argumento não é muito importante. O que importa é esse diálogo de enorme beleza, cada linha uma espécie de confissão, uma lembrança da infância, uma despedida: "Sempre brinquei de ser o que não sou"; "Que absurdas são as pessoas respeitáveis"; "Os mortos são muito sensíveis. Sentem tudo. São mais lúcidos do que nós. Se você lhes oferecer carne ou vinho, não apreciarão, mas faça-os ouvirem música ou lhes dê perfume e verá. Nunca estão distraídos"; "Adoro o mar. Detesto cerimônias, círios, flores, o bulício de orações. Sou má. Ninguém me ama." No restante do livro, como diz Matilde Sánchez, há um grande desprezo pela trama e pela narrativa. Há uma mulher que fala, que é feita de palavras, inclusive quando narra: "Del color de los vidrios" é um conto fantástico-estranho sobre um homem que faz uma casa de vidro para morar ali dentro com sua mulher. Pessoas de todo o país chegam para ver a maravilha, mas não podem ver a intimidade do que ocorre ali porque os vidros, embora transparentes, estão às vezes rachados e deformam, não mostram a verdade. O relato começa com uma reflexão dessa voz fantasmal que opina sobre si mesma e sua escrita: "Que insossas são as histórias de *As mil e uma noites*, os contos policiais de Chesterton, os tão sensíveis de Stevenson, os de Dino Buzzati – que não gosto de todos –, os de Kafka. Não! Os de Kafka nunca deixam de ser os melhores do mundo". No livro há pequenos relatos convencionais (à maneira de Silvina): "Jardín del infierno", uma variação de "O Barba-Azul" no qual a assassina é a esposa, ou "Los libros voladores", em que os livros se multiplicam e se suicidam atirando-se pela janela. Há um longo poema, "Los enemigos de los mendigos", fragmento do seu poema autobiográfico "Invenciones del recuerdo". Mas, especialmente em "Anotaciones", o texto final, há últimas palavras, últimos desejos. O desejo da morte tranquila, o desejo do mar e o desejo de Bioy. Escreve: "E aqui avanço com a velocidade de uma tartaruga que espera, sem esperar, uma tempestade. Salve-me de uma vez com teus braços de água! E para sempre sonharei contigo nas longas noites do meu exílio. E aqui na água eu morro sem esperanças de encontrar algo melhor que a água, sou uma exilada. The only thing I love, A. B. C., 'the rest is lies'".

QUERIA ESCREVER UM LIVRO SOBRE NADA

Silvina Ocampo viveu os últimos dez anos na confusão e no esquecimento do Alzheimer, encerrada, cuidada por enfermeiras. Ernesto Montequin diz que seus primeiros sintomas isolados ocorreram por volta de 1985, e que até 1989 já havia perdido completamente a consciência. "Ela sabia o que estava acontecendo, houve um longo período em que alternava entre momentos de lucidez e de perda. Era consciente de que estava perdendo a memória, a inteligência, inclusive a língua. Passou maus bocados." Também conta que existem quinze cadernos das enfermeiras que atenderam Silvina, um diário do declínio.

Adolfo Bioy Casares marca um evento como o início da doença. Ele o conta em *Las dependencias*: "Nós íamos almoçar de vez em quando na casa de uns amigos, ela ia como se fosse uma época qualquer da vida. Um dia, aqueles amigos me recomendaram uma viagem. Silvina deve ter sentido a possibilidade de eu fazer aquela viagem e quase desmaiou. Desde então não ficou bem. Foi uma coisa horrível para mim". Em seu diário *Descanso de caminantes*, Bioy descreve aqueles últimos anos, a velhice juntos. Ele, dez anos mais novo, sentia agora claramente a diferença de idade que antes nunca importara. Descreve, sobretudo, a casa, que estava muito deteriorada, como também contam todos os amigos e visitantes: "Minha casa está em ruínas. As paredes estão descascando, convivo com as baratas. A desordem cresce e cobre todos os espaços. Diariamente algo se extravia na bagunça. Silvina tem as mesas tão abarrotadas de papéis que quando alguém passa provoca desmoronamentos. Numa das poltronas do quarto há um monólito sortido de roupas usadas. Pelo menos quatro cômodos principais estão trancados. O medo de que papéis importantes de Silvina se percam impede que voluntários ponham ordem. O medo de que um envenenamento pela tinta afete os olhos e a garganta de Silvina impede que os tetos e paredes sejam arrumados. O receio de um inseticida acometer a saúde de Silvina protege a saúde das traças, formigas e baratas. Quase não posso ir à fazenda. Se fico lá mais do que um dia, Silvina se desespera".

No entanto, também registra breves conversas que iluminam os rompantes de lucidez e humor de Silvina naqueles anos. Entrada do dia 25 de março de 1984: "Silvina viu na televisão o filme *Sea Wife*. Entro no quarto e ela me diz: 'Que desagradável. É como um dos meus contos, só que muito mais divertido'". Entrada de 21 de maio de 1988: "Silvina disse que na literatura argentina atual só há dois tipos de escritores: os que imitam aqueles que os precederam e os que escrevem bobagens". 8 de abril de 1989: "Silvina entra no meu quarto e me diz: 'Não sei o que fazer. Não tenho nada para fazer. Entende? Absolutamente nada'".

Naqueles últimos anos, continuou recebendo visitas. A da escritora e jornalista Matilde Sánchez, que estava editando uma antologia com seus contos (*Las reglas del secreto*, Fondo de Cultura Económica, 1991) e que hoje relembra aqueles estranhos encontros: "Eu ia vê-la com uma azaleia, cada vez de uma cor diferente, para que ela se lembrasse de mim e pudéssemos retomar a conversa". Mas Silvina nunca se lembrava e cada azaleia era uma azaleia nova, que a alegrava como da primeira vez.

A de Edgardo Cozarinsky, que morava em Paris: "Quando voltei pela primeira vez de visita a Buenos Aires, em 1985, encontrei-a decaída, com esquecimentos e distrações dissimulados por Bioy na conversa de maneira discreta, risonha. Eu ficaria sabendo à distância, graças a Alejo Florín, médico de família dos Bioy e amigo meu, sobre sua ausência mental, a princípio intermitente, depois definitiva. Uma noite de dezembro de 1992 ou janeiro de 1993, enquanto jantavam no finado restaurante do La Biela, Alberto Tabbia lembrou Adolfo como Silvina gostava dos *Liebesliederwalzer* de Brahms, e sugeriu que poderia ser uma boa ideia tocá-los para ela. Dias mais tarde perguntei a Bioy sobre o resultado da experiência: não houvera nenhum sinal de reconhecimento por parte de Silvina".

Aquelas enfermeiras atenciosas, que registravam a crônica do declínio, foram, para Silvina, carcereiras. A Elena Ivulich, sua secretária, disse: "Vou publicar no *La Nación* um poema contra as enfermeiras". Queixava-se, segundo Elena, porque não tinha tempo para ficar sozinha, para suas coisas. A Jovita, que a acompanhou até o fim, também falava das enfermeiras: "Não quero essa gente ao meu redor", dizia, "por que me puseram vigias? Meu marido me pôs uma guarda permanente, estou presa na minha própria casa".

As enfermeiras chegaram por volta de 1990, e foi nessa época que Silvina deixou de falar com Bioy completa e definitivamente. Com os outros ela falava: respondia às perguntas e, embora suas respostas pudessem ser absurdas, delirantes ou penosas, havia uma resposta. Mas com Bioy não. Ela lhe impôs o silêncio mais cruel, uma espécie de castigo inesperado. Jovita conta em *Los Bioy*: "Acho que, quando a dona Silvina parou de falar, fez isso de propósito. Por que falava comigo, por que falava com Pepe e não dirigia a palavra ao senhor Bioy? Ela ainda não estava prostrada, ia pra lá e pra cá, assistia à televisão, se sentava na poltrona, discutia com as enfermeiras. 'Meu marido me mantém presa', dizia. Quando ele se levantava pela manhã, ia se ajoelhar na frente dela, que estava sentada na poltrona, e implorava: 'Silvinita, por favor, eu te peço por favor, me dê um beijo, morro por um beijo seu'. Ela olhava para o outro lado, se vingava dele. 'Por tudo o que é mais sagrado, Silvinita, não faça isso comigo, não sabe o mal que está me fazendo.' Mas a dona Silvina nunca mais falou com ele".

Segundo Jovita, as enfermeiras não foram a única ofensa, e talvez nem a mais importante. Nos anos da doença, Bioy planejava viagens com suas amantes na frente de Silvina, e algumas dessas mulheres passavam dias no apartamento. Talvez a presença das amantes não fosse o que mais atormentava Silvina, mas a possibilidade de que ele fosse embora. Jovita escreve: "Silvina sofria horrores. A sensação daquelas mulheres era de que Silvina já não contava. 'Não podem conversar em outro lugar que não seja na frente dela? Não veem que a dona Silvina fica desesperada?', eu dizia. Silvina me chamava com os olhos para eu me aproximar dela e fazia um gesto com o punho no braço da poltrona para que eu fizesse alguma coisa, não sei, expulsá-las dali, e até cheguei a pensar que queria que eu batesse nelas".

Bioy admite que poderia, naqueles últimos anos, ter sido um companheiro melhor. Diz em *Las dependencias*: "Ela delirava e se envergonhava, sofria por aquilo, estava ciente de sua situação. Às vezes, com egoísmo, eu não queria vê-la sofrer, e tenho a lembrança de não ter lhe feito companhia o suficiente. Quando tenho sorte, lembro como ela era no campo, antes de nos casarmos. Quando não tenho sorte, lembro-me dela nos últimos anos".

Mesmo naqueles anos, Silvina continuou escrevendo. Seu último livro de contos, *Cornelia frente al espejo*, é também – exceto por alguns textos escritos anteriormente – um livro da velhice. Um livro em que escreve e reflete sobre a velhice. Em "Los retratos apócrifos", por exemplo, escreve: "Envelhecer é cruzar um mar de humilhações todos os dias, é olhar a vítima de longe, com uma perspectiva que ao invés de diminuir os detalhes os amplia. Envelhecer é não poder esquecer o que se esquece. Agora que estou velha nunca penso que estou velha; é um exercício brutal demais essa mudança imerecida". E em "Anotaciones", o texto final, estão as últimas palavras que publicou em vida, o desconcertante fechamento do livro: "Queria escrever um livro sobre nada".

Entre 1988 e 1989, em uma corrida contra a perda da lucidez, terminou um de seus dois únicos romances, *La promesa*, publicado postumamente em 2010 pela editora Lumen. Ernesto Montequin, responsável pela edição, explica: "Ela corrigiu e finalizou o texto naqueles anos, mas trabalhou-o com longas intermitências durante quase vinte e cinco anos. Sem saber, ou quem sabe com uma sombria intuição, como se soubesse qual seria seu destino, contava a história da protagonista e, ao fazê-lo, narrava seu próprio naufrágio". A trama de *La promesa* é simples: uma mulher, passageira de um navio, cai no mar. Ela sabe nadar muito bem e então, para não afundar, para evitar o desespero, cria uma galeria de lembranças, vai nomeando e descrevendo, retratando pessoas que conheceu ao longo da vida. Hugo Beccacece, em sua resenha de *La promesa*, escreveu: "No final, a água que entra, cada vez mais frequentemente, pela boca da Sherazade marinha anuncia o fim iminente enquanto a memória reitera, sem se dar conta, as mesmas palavras e as mesmas imagens. O movimento da consciência engasga e adquire a lógica sinistra da agonia ou de uma demência repetitiva. Como aponta Ernesto Montequin, que esteve a cargo da edição, nas últimas páginas a voz da personagem, na ficção, coincide com a voz da autora, na realidade. Aquelas frases foram algumas das últimas que Silvina Ocampo escreveu no papel".

A CHUVA, OS GATOS

Silvina Ocampo morreu no dia 14 de dezembro de 1993, aos noventa anos, em sua cama. Um dia antes, Adolfo Bioy Casares retornara de uma viagem à Europa. Velaram-na em seu quarto. Bioy e sua neta Victoria decidiram não ir ao enterro, no cemitério da Recoleta, a poucos passos do apartamento da rua Posadas, e avisaram pouquíssimas pessoas. Chovia terrivelmente. Quando o caixão estava na capela, recebendo as últimas orações, entraram alguns gatos, e um se instalou debaixo do ataúde, como se fosse guardião e companhia.

O obituário publicado no *La Nación* do dia 15 de dezembro de 1993 ocupa uma página inteira e tem três artigos: um assinado pelo jornalista e escritor espanhol Juan Cruz e os outros dois – um perfil e uma breve crônica do enterro – assinados por Hugo Beccacece. Na foto escolhida para ilustrar, Silvina tem pouco mais de cinquenta anos. Está com Bioy e Borges sentada, e a saia curta deixa ver suas pernas fabulosas.

A crônica do enterro é o mais notável dos três textos, o mais estranho. Diz: "Silvina Ocampo adorava Veneza, e com aquele olhar tão aguçado quanto transbordante de originalidade, encontrara na Argentina um lugar que a fazia lembrar da cidade do Adriático. Segundo ela, os becos da Recoleta eram uma réplica do labirinto veneziano interrompido por canais. Devia saber que no fim de sua vida haveria de descansar ali no jazigo de seus antepassados, os Ocampo, e em algumas ocasiões caminhara entre os monumentos na companhia do crítico literário Enrique Pezzoni para passear e tirar fotografias". Depois, conta que o velório aconteceu às quatro da tarde; que, por vontade da família, a notícia foi divulgada apenas entre os amigos mais íntimos; e que "Bioy Casares não compareceu ao sepultamento, mas sua filha Marta sim, bem como Angélica Bengolea, Rosa Zemborain e os escritores Vlady Kociancich, Francis Korn e Jorge Torres Zavaleta, entre outros". Também fala da chuva e dos gatos. E, no perfil, Hugo Beccacece escreve: "Todos os seres humanos são irrepetíveis, mas aqueles que a conheceram e admiraram sabem que ela o era ao extremo. Silvina foi uma das mulheres mais fascinantes da Argentina, a verdadeira rainha da graça e da poesia".

Em *Los Bioy*, Jovita Iglesias conta que Bioy, desconsolado pela morte da esposa, mandou trancar seu quarto à chave. O luto, intenso, foi no entanto breve e substituído por outro, inesperado, infinitamente mais cruel. No dia 4 de janeiro de 1994, sua filha, Marta, tinha ido a Pardo visitar de emergência a fazenda de Rincón Viejo, mas fora uma viagem de poucas horas: não queria estar longe de seu pai. À tarde, já de volta a Buenos Aires, decidiu sair um pouco, ir visitar uma amiga. Foi caminhando: era verão, fazia calor. Na esquina da rua Rodríguez Peña com a avenida Las Heras, um ônibus bateu em um Renault 12 e o carro, que voou com o impacto, atingiu Marta, que passava pela calçada. Foi levada para o hospital Fernández, a poucas quadras de onde aconteceu o acidente, mas não conseguiram salvá-la. Seus filhos, Victoria e Florencio, foram ao hospital, mas seu pai não. Não só não foi, como esconderam dele, por horas, a morte da filha, que tinha apenas trinta e nove anos e que morria apenas vinte dias depois de sua mulher, Silvina.

María Esther Vázquez ainda se lembra daquelas horas: "Coitado, todo mundo ia se reunindo na casa e todos sabiam que sua filha havia morrido, mas não contavam a ele. As horas passavam e ninguém sabia como lhe contar. Foi muito triste".

Bioy estava em casa com sua prima Margot. Enquanto isso, na cozinha, Jovita Iglesias e o marido recebiam ligações telefônicas e lidavam com a situação como podiam.

O médico pessoal de Bioy, Alejo Florín, pediu que não lhe contassem nada até ele chegar. Com o passar das horas, o apartamento foi se enchendo de gente, mas todos se escondiam na cozinha. Mantiveram silêncio até a noite. Jovita conta em *Los Bioy*: "Bioy só soube quando chegou o doutor Florín, que foi o responsável por dar a notícia a ele. Não consegui ir vê-lo, eu não tinha coragem de me aproximar dele... O senhor Bioy estava enlouquecido". Bioy tinha setenta e nove anos e se recuperava de uma fratura no quadril. Não deu muitas entrevistas depois dessas mortes, mas em um artigo de Carlos Ares publicado no jornal *El País* de 29 de janeiro de 1994, quase um mês após a morte de Marta, Bioy disse, sobre Silvina: "Me dizem que sua longa doença deveria ter me preparado para a morte, mas isso é tão diferente do nada causado pela morte!". E sobre Marta: "Quando me contaram, pude entender uma frase banal que se diz nessas ocasiões: tenho que acreditar que isso é verdade. Com Marta a dor foi ainda maior, porque ela era muito jovem. Tento me consolar pensando que a cada dia passamos por todas as experiências da vida, mas devo ser sincero e reconhecer que isso nada mais é que um discurso intelectual, o real é a dor".

A dor chegou acompanhada de problemas financeiros. Um artigo de María Esther Vázquez no *La Nación* revelou o novo drama de Bioy: Alberto Frank, o segundo marido de Marta, entrou com um processo de meio milhão de pesos contra ele em 1996. Para responder à ação, Bioy vendeu Villa Silvina, em Mar del Plata, que de qualquer forma já não usava há mais de vinte anos, mas temia ter que vender também o apartamento da Posadas. Em 3 de março de 1996, María Esther Vázquez escrevia no *La Nación*: "Aos 81 anos, e depois de quarenta e dois morando em seu apartamento da rua Posadas, Bioy Casares receia ser obrigado a deixá-lo. Nessa casa, escreveu o melhor de sua obra, compartilhou milhares de horas felizes ao longo de quatro décadas com sua mulher, Silvina Ocampo. Entre aquelas paredes, forradas de livros e fotografias, floresceu a bela amizade que o uniu a Borges, cresceu sua filha Marta, nasceram seus três netos, morreu seu pai. Amparado por aquelas paredes, chorou as mortes de sua mulher e sua filha há apenas dois anos. Agora, o segundo marido de Marta questiona certa herança que Bioy recebeu de sua mãe, e, para atender a suas pretensões – se a justiça decidir contra ele –, Adolfito teria que vender o apartamento. O fato comove seus amigos. É deplorável que essa dor, essa angústia tenha recaído sobre uma pessoa tão bondosa, abatida e indefesa como Bioy, que, além disso e nada menos que isso, é um de nossos melhores escritores". Uma semana depois, no dia 10 de março, Alberto Frank respondeu, também no *La Nación*, irritado com Vázquez: "Fui o segundo marido de Marta Bioy, com quem tive Lucila e por quem devo velar pelos seus interesses morais e materiais. Fica evidente que a autora nem sequer sabe que intervenho na sucessão por interesse da minha filha menor de idade e não por interesse próprio. Apesar disso, me classifica como ganancioso. Independentemente do debate judicial e seus resultados, minha relação pessoal com ele (Bioy) sempre foi de respeito mútuo e afeto recíproco. Posso supor que entre seus íntimos o senhor Bioy Casares tenha manifestado sua contrariedade com o resultado adverso de um incidente em que discutimos interesses contrários, é humano e natural, mas estou certo de que ele não autorizou a autora a publicar a nota, muito menos que em alguma oportunidade tenha se expressado nos termos que esta utiliza. Nós concedemos o apartamento da rua Posadas, que pertencia a Silvina, como usufruto de Bioy. Quanto a isso, não há nem houve discussão alguma, portanto, ele não pode estar afetado pelo que houve até aqui, muito menos pela decisão judicial pendente que se refere a uma questão absolutamente distinta".

Em entrevista a Marcelo Franco publicada naquele mesmo dia no jornal *La Nación*, Bioy explicava os termos da disputa: "Um tempo atrás, comprei uma terra com dinheiro herdado de minha mãe. Mas os negócios no campo deram errado, eu precisava de recursos para viver e decidi vender a propriedade. Com essa venda, recebi um milhão de pesos. Então, Frank disse que eu tinha que dar a ele 400.000 pesos desse valor, em razão dos interesses de minha neta. Meus advogados entenderam que esse proceder não tinha cabimento e entraram com uma ação. Frank ganhou a primeira instância. Se ganhar a segunda, embora meus advogados continuem dizendo que o processo por fim nos favorecerá, eu deveria lhe pagar uma quantia próxima de dois milhões e quinhentos mil pesos. Isso para mim seria a ruína total. Teria que vender minha casa e tudo o que tenho, incluindo a biblioteca, que é minha vida e que eu pretendia doar ao país".

O processo foi decidido pouco depois dessa contenda, e Bioy pôde manter o apartamento da rua Posadas, onde viveu os últimos anos de sua vida, anos que tiveram uma companhia inesperada: seu filho, Fabián. Depois da morte de Marta, Bioy começou a visitá-lo: o rapaz morava na França, dividia-se entre suas casas de Paris e Cagnes-sur-Mer, e desde os dezoito anos sabia quem era seu pai biológico. Sua mãe era – é – Sara Josefina, "Fina" Demaría, uma mulher de fabulosa beleza que se casou com um milionário da família Ayerza. A primeira vez que pai e filho foram vistos juntos foi em 1997, em Paris. Bioy foi assistir à versão de *Lluvia de fuego*, peça de teatro inédita de Silvina, montada no Teatro de Bobigny, com Alfredo Arias na direção e com Marilú Marini e Rodolfo de Souza nos papéis principais. Depois da peça – que Bioy gostou muito –, um fotógrafo se aproximou e tirou uma foto dele ao lado de um rapaz de pouco mais de trinta anos. Bioy o apresentou como seu filho. Na época Fabián ainda usava o sobrenome Ayerza. Um ano depois, foi legalmente reconhecido e adotou o sobrenome Bioy Casares. Fabián Bioy não estava em Buenos Aires quando seu pai morreu, em março de 1999, aos oitenta e quatro anos. O próprio Fabián morreu pouco depois, na França, aos quarenta anos, em fevereiro de 2006.

Silvina Ocampo está enterrada no jazigo da família, que não tem nenhuma placa com seu nome. Quem não souber que seu corpo está ali não terá indícios para descobri-lo. Do lado de fora só se veem placas com os nomes de Victoria e Angélica Ocampo, e as datas de nascimento e morte do pai.

Não há – ainda – nada que mencione a irmã menor.

AGRADECIMENTOS

Agradeço primeiro e especialmente a Leila Guerriero, editora exigente e muito atenta, sempre carinhosa, preocupada e adorável. As virtudes que este livro possa ter são responsabilidade dela, e os defeitos são todos meus. Obrigada a Silvia Renée Arias, Hugo Beccacece, Salvador Biedma, Ivonne Bordelois, Silvia Catino e equipe da Mar del Plata Day School, Juan Pablo Correa, Edgardo Cozarinsky, Esther Cross, Axel Díaz Maimone, Oscar Giménez, Marcelo Gioffré, Mercedes Güiraldes, Nicolás Helft, Francis Korn, Ernesto Montequin, María Moreno, Julia Muzzoppapa, Fernando Noy, Eduardo Paz Leston, Judith Podlubne, Ana Prieto e à Fundação Tomás Eloy Martínez, Luis Pucci e aos vizinhos de Villa Pardo e Las Flores, Matilde Sánchez, Ernesto Schoo, Juan José Sebreli, Jorge Torres Zavaleta, Noemí Ulla, María Esther Vázquez e María Ofelia Zanetta. E obrigada a Paul, como sempre.

ÍNDICE

Eu quero que me amem **07**
Não dá para ver as formas na confusão de tantas cores **19**
Onde as nuvens são as montanhas **26**
Rainha, Madrinha, Victoria **43**
Brotavam cachos de sangue **60**
Eu o odiei por causa de um cachorro **65**
A imaginação racional **75**
Ela vê coisas que nem o diabo vê **78**
Ninguém sabe como me esforcei para imaginá-la bonita **81**
E como não vai estar morta, com este dia? **86**
A.B.C.: "the rest is lies" **92**
Se pensassem, se suicidariam **112**
As coisas mais maravilhosas e as coisas mais terríveis do mundo **118**
As formigas comeram todo o açúcar **121**
Um castigo e um prazer **126**
Ao lado dela, esquecíamos que era feia **135**
Dava para notar sua perversidade **140**
Que não renasça o sol, que não brilhe a lua **146**
Ladra em sonhos **157**
Ela podia te matar de fazer você fazer coisas **159**
À beira do mar, sobre borboletas **163**
Ela era muito original **172**
Minha vida não tem nada a ver com o que escrevo **179**
Sempre brinquei de ser o que não sou **198**
Queria escrever um livro sobre nada **203**
A chuva, os gatos **208**

Agradecimentos **217**

coleção **NOS.OTRAS**

Pronome feminino na primeira pessoa do plural. Desinência de gênero própria da língua espanhola. Sujeito do eu que inclui a noção de outro. Uma coleção de textos escritos por autoras latino-americanas, mulheres brasileiras e hispanofalantes de hoje e de ontem, daqui, dali e de lá. Uma coleção a favor da alteridade e da sororidade, este substantivo ainda não dicionarizado. Nós e outras, nós e elas, nós nelas e elas em nós. NOS.OTRAS pretende aproximar-nos, cruzando fronteiras temporais, geográficas, idiomáticas e narrativas. A proposta é pelo diálogo plural, dar voz e visibilidade a projetos literários heterogêneos que nem sempre encontram espaço editorial. Publicaremos sobretudo não ficção – ensaios, biografias, crônicas, textos epistolares –, mas prosas de gênero híbrido, fronteiriças à ficção, também são bienvenidas. Porque nosotras somos múltiplas.

Curadoria e coordenação editorial:
Mariana Sanchez e Maíra Nassif

coleção **NOS.OTRAS**

Conheça os outros títulos da coleção:

• *Viver entre línguas*, de Sylvia Molloy.
Tradução de Mariana Sanchez e Julia Tomasini.

• *Tornar-se Palestina*, de Lina Meruane.
Tradução de Mariana Sanchez.

• *E por olhar tudo, nada via*, de Margo Glantz.
Tradução de Paloma Vidal.

• *O mundo desdobrável – ensaios para depois do fim*,
de Carola Saavedra.

———

Próximo lançamento:

• *38 estrelas – a maior fuga da história de uma prisão de mulheres*,
de Josefina Licitra.
Tradução de Mariana Sanchez.

———

© Mariana Enriquez, 2014, 2018
© Relicário Edições, 2022
Imagem de capa: © Paula Albuquerque, 2022 (sobre foto de © Pepe Fernández)

Dados Internacionais de Catalogação na Publicação (CIP) de acordo com ISBD

E59i	Enriquez, Mariana
	    A irmã menor: um retrato de Silvina Ocampo / Mariana Enriquez ; traduzido por Mariana Sanchez. - Belo Horizonte: Relicário, 2022.
	    224 p. ; 13cm x 19cm. – (Coleção Nosotras ; v. 5)
	
	    Tradução de: *La hermana menor: un retrato de Silvina Ocampo*
	    ISBN: 978-65-89889-55-7
	
	    1. Biografia. 2. Literatura argentina. 3. Silvina Ocampo. I. Sanchez, Mariana. II. Título.
	
	                                                                            CDD 920
	                                                              CDU 929

2022-3448	

Elaborado por Odilio Hilario Moreira Junior – CRB-8/9949

Obra editada no âmbito do Programa Sur de Apoio às Traduções do Ministério das Relações Exteriores, Comércio Internacional e Culto da República Argentina.

Obra editada en el marco del Programa Sur de Apoyo a las Traducciones del Ministerio de Relaciones Exteriores, Comercio Internacional y Culto de la República Argentina.

Curadoria e coordenação editorial: Mariana Sanchez e Maíra Nassif
Editor-assistente: Thiago Landi
Revisão: Lucas Morais
Capa, projeto gráfico e diagramação: Paula Albuquerque
Revisão de provas: Thiago Landi
Fotografia Mariana Enriquez: Flor Cosin
Fotografia Silvina Ocampo (capa): © Pepe Fernández | pepefernandez.ph | Galería Vasari

Relicário Edições
Rua Machado, 155, casa 1, Colégio Batista | Belo Horizonte, MG, 31110-080
relicarioedicoes.com | contato@relicarioedicoes.com

1ª edição [primavera de 2022]

Esta obra foi composta em Crimson
Text e impressa sobre papel Pólen Bold
70 g/m² para a Relicário Edições.